JN026232

ときめき
韓国語入門

K-POP&
ドラマを
もっと楽しむ！

石田 美智代

研究社

　本書は、「K-POPが好き！」「韓国ドラマが好き！」というところを入り口に、韓国語がわかれば「もっと好きになる！」「面白くなる！」ことを目的にした入門書です。また、韓国語を一度学んだけれど早々に挫折してしまったという方も、K-POPのフレーズなどをきっかけにまた挑戦していただけたらと思います。

　Part 1では韓国語の文字と発音、Part 2では文法のコツをまとめています。ここは一度に覚えなくても構いません。とりあえず何が書いてあるのかざっと見て、先に進んでください。「どうしてだろう？」「何だろう？」と、わからなくなったときに読み返してください。

　Part 3では、どこかで聞いたことがあるようなフレーズを集めました。馴染みのあるフレーズに入っている発音や文法のエッセンスを解説しています。よく耳にする歌詞やセリフは、「パンマル＝반말＝非丁寧形」が使われていることが多いので、他の入門書では学びにくい「非丁寧形」から学べるようになっています。

　せっかく口ずさめるフレーズがあるなら、日常会話に応用しないと損です。「丁寧編」では、文末をちょっと変えるだけの「丁寧形」を使って、観光やショッピングで使える日常会話をお得に身につけられるように紹介しています。

　学習を始めたら、お気に入りの歌やドラマに耳をすませてみてください。本書で覚えた文法があちこちで出てくることに気づき、学習のモチベーションがどんどん上がっていくと思います。

　好きなことから楽しく学びたいという方々の、お役に立てればうれしいです。

石田美智代

本書の使い方

●Part 1●文字と発音

韓国語の文字のしくみや発音を解説しています。
※わからなくなったときに何度でも読み返してください。

●Part 2●文法のコツ

文法の基本を解説しています。
※わからなくなったときに何度でも読み返してください。

●Part 3●実践フレーズ

キーフレーズ編

K-POPやドラマのセリフで、韓国語の文法を覚えましょう。歌やドラマの理解
に欠かせない、非丁寧形を学びます。

キーフレーズ
メインとなる
フレーズです。

音声
ダウンロード音声の
トラック番号です。

歌・ドラマフレーズ
キーフレーズの文法を使った、
K-POPやドラマで頻出のフレーズ
を紹介しています。音声を聞きなが
ら、活用の練習をしましょう。

文法
キーフレーズに使わ
れている文法をわか
りやすく解説してい
ます。

キーフレーズ解説
キーフレーズの発音・活
用・意味などのポイント
を、さらに詳しく見てい
きます。

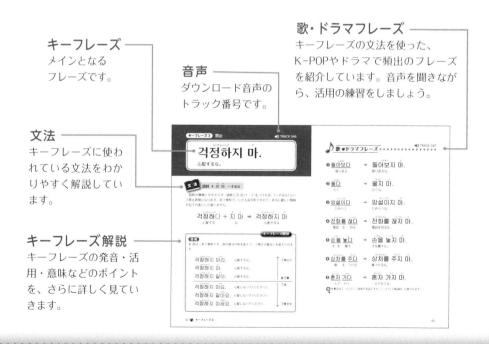

丁寧編

キーフレーズ編で扱った文法の丁寧形を学びます。日常会話でもどんどん使って
みましょう。

日常フレーズ

日常会話に便利なフレーズを書いてみましょう。
その後、「解答」の音声を聞きながら、
声に出して練習しましょう。

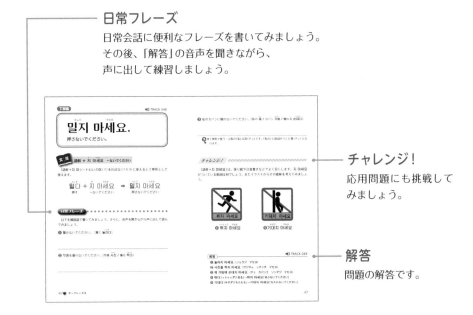

チャレンジ！

応用問題にも挑戦して
みましょう。

解答

問題の解答です。

音声について

本書収録の音声は、研究社ホームページ（www.kenkyusha.co.jp/）より、以下の手順でダウ
ンロードできます。
①研究社ホームページのトップページから、「音声・各種資料ダウンロード」にアクセスします。
②表示された書籍の一覧から、「ときめき韓国語入門──K‑POP&ドラマをもっと楽しむ！」
　の「ダウンロード」をクリックしてください。ファイルのダウンロードが始まります。
③ダウンロード完了後、解凍してご利用ください。

ルビについて

●本書では、学習の便のため、韓国語にカタカナでルビを振っています。小さな文字の「ク・
　プ・ム・ル」は、母音をつけずに発音します。「キム」は「kimu」と発音せずに「kim」です。
●そのほか、必要に応じ、ローマ字でも発音を表記しています（国際音声記号は使用していま
　せん）。

CONTENTS

● Part 1 ● 文字と発音

● Part 2 ● 文法のコツ

● Part 1 ●
文字と発音

〇や□の模様にしか見えないハングル。
でも、どれが子音でどれが母音かがわかれば、
全然難しくありません。
歌のタイトルや、街の看板など、
どんどん読んでみましょう！

韓国語で使う文字のことを「ハングル」といいます。ハングルは、ローマ字と同じように子音と母音が組み合わさって一つの音を作っています。

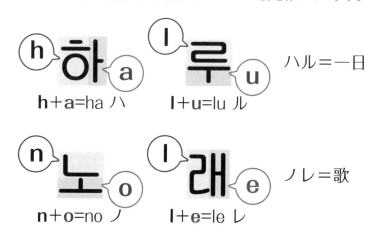

h＋a=ha ハ　　　　l＋u=lu ル　　　　ハル＝一日

n＋o=no ノ　　　　l＋e=le レ　　　　ノレ＝歌

　このように、ハングルは上下・左右に組み合わさっている子音と母音をローマ字に置き換えれば音を読むことができます。そして、하루（ハル）の루（ル）、노래（ノレ）の래（レ）を見ると、二つの文字の共通の ㄹ が同じラ行であることを表していることがわかります。日本語のひらがなは、「る」「れ」という文字を見ても、文字の形だけで同じラ行だということはわかりません。

　ひらがなは、その形に子音や母音の規則性がないので、文字をそれぞれ覚えなければなりませんが、ハングルは子音と母音の組み合わせなので、ローマ字を読む要領で文字を読むことができます。しかも覚えなければならないのは、基本的な母音6個と基本的な子音10個です。

基本母音

　ハングルは子音と母音が組み合わさって一つの文字になりますので、母音だけでは文字になりません。「子音の音がない」という「ゼロの子音」○と組み合わせて母音の音を表します。

🔊 TRACK 001

아 (ア)	a	口を大きく開けて「ア」。日本語の「ア」と同じ。		아	아
어 (オ)	ō	日本語より口を広く開けて「オ」。 口の形が違います。		어	어
오 (オ)	o	日本語より口を丸くすぼめて「オ」。		오	오
우 (ウ)	u	日本語より口を丸くすぼめて「ウ」。 口の形が違います。		우	우
으 (ウ)	ū	「イ」の口で「ウ」。		으	으
이 (イ)	i	口を横に広げて「イ」。日本語の「イ」と同じ。		이	이

＊本書では発音をローマ字で表す場合、二つある「オ」と「ウ」を区別するために、口を広く開ける「オ」と「ウ」のローマ字の上に横棒を加えて「ō」「ū」で表記します。

　「エ」は ㅏ と ㅣ 、または ㅓ と ㅣ を組み合わせて作ります。

🔊 TRACK 002

애 (エ)	e	ㅏ(a) ＋ ㅣ(i) 日本語の「エ」と同じ。	ヤバイyabaiがヤベー yabeになるのと同じ	애	애
에 (エ)	e	ㅓ(ō) ＋ ㅣ(i) 日本語の「エ」と同じ。	オソイosoiがオセー oseになるのと同じ	에	에

同じ音です。

13

13個の母音はヤ行（y）とワ行（w）です。日本語ではyとwは子音ですが、韓国語では母音として扱います。

ヤ行　ヤ行6個は、短い棒を2本にして作ります。

🔊 TRACK 003

야 ヤ	ya	口を大きく開けて「ヤ」。	야	야
여 ヨ	yō	口を大きく開けて「ヨ」。	여	여
요 ヨ	yo	口を丸くすぼめて「ヨ」。	요	요
유 ユ	yu	口を丸くすぼめて「ユ」。	유	유
애 イェ	ye	「イェ」。	얘	얘
예 イェ	ye	「イェ」。	예	예

同じ音です。

ワ行　ワ行6個は、母音を2つまたは3つ組み合わせて作ります。

ワ **와**	wa	ㅗ (o) + ㅏ (a) 日本語の「ワ」と同じ。	와	와
ウェ **외**	we	ㅗ (o) + ㅣ (i) 오の口の形から「ウェ」。	외	외
ウェ **왜**	we	ㅗ (o) + ㅐ (e) 오の口の形から「ウェ」。	왜	왜
ウォ **워**	wo	ㅜ (u) + ㅓ (ŏ) 우の口の形から「ウォ」。	워	워
ウィ **위**	wi	ㅜ (u) + ㅣ (i) 우の口の形から「ウィ」。	위	위
ウェ **웨**	we	ㅜ (u) + ㅔ (e) 우の口の形から「ウェ」。	웨	웨

同じ音です。

最後に、音が混ざらない母音が1つあります。

ウイ **의**	ūi	ㅡ (ū) + ㅣ (i) 口の横に広げて으と이を 続けて発音して「ウイ」。	의	의

15

基本子音

子音は全部で19個ありますが、基本子音は10個です。残りの9個は「おまけ」で覚えられます。後で紹介する「激音」「濃音」に対して、基本子音を「平音」と呼びます。

まず、日本語と同じ音の子音6個です。母音の ト (a) を付けた形で紹介します。

🔊 TRACK 006

ナ 나	na	日本語のナ行と同じ。 ➡ 上下の組み合わせ 例 노	나	나
ラ 라	la	日本語のラ行と同じ。 ➡ 上下の組み合わせ 例 로	라	라
マ 마	ma	日本語のマ行と同じ。 ➡ 上下の組み合わせ 例 모	마	마
サ 사	sa	日本語のサ行と同じ。 ➡ 上下の組み合わせ 例 소	사	사
ア 아	a	子音の音はなく、母音のみ発音。 ➡ 上下の組み合わせ 例 오	아	아
ハ 하	ha	日本語のハ行と同じ。 ➡ 上下の組み合わせ 例 호	하	하

次の4つの子音は、「濁る、濁らない」の区別があります。語頭では濁らず、語中では濁って発音されます。濁って発音されることを、「有声音化」といいます。「가、다、바、자＝カタパチャ」と覚えましょう。

🔊 TRACK 007

カ/ガ **가**	ka/ga	語頭ではカ行のk。 語中ではガ行のg。	가	가
タ/ダ **다**	ta/da	語頭ではタ行のタ、テ、トのt。 語中ではダ、デ、ドのd。	다	다
パ/バ **바**	pa/ba	語頭ではパ行のp。 語中ではバ行のb。	바	바
チャ/ジャ **자**	cha/ja	語頭ではチャ、チュ、チョのch。 語中ではジャ、ジュ、ジョのj。	자	자

*다行にアイウエオの母音をつけると、タ、ティ、トゥ、テ、トとなります。チは지です。「ツ」をあらわすハングルはありません。

ルビについて
本書では、上記の子音は、「語頭は濁らず語中濁る」というルールでルビを表記しています。分かち書きがされていれば「語頭」として扱います。ただし、息継ぎせずに発音されることが多い部分は、分かち書きされていても「語中」扱いとします（例：連体形、「この・私の」の後の名詞、補助動詞（～아/어 주세요 ～てください）など）。

書体の違い

ハングルは、書体の違いによって、文字の形も少し違って見えます。

〈例〉	**手書き**	ㅅ ㅈ ㅌ ㄱ
	ゴシック体	ㅅ ㅈ ㅌ ㄱ

激音

「濁る、濁らない」の区別がある子音4個には、激音という「おまけ」があります。激音は息を強く出す音です。痰を吐き出すときの「カー！」という音が激音に近いです。母音の ㅏ (a) を付けた形で紹介します。

🔊 TRACK 008

카 (カ)	k^ha	息を強く吐き出して「カハ」。	카	카
타 (タ)	t^ha	息を強く吐き出して「タハ」。	타	타
파 (パ)	p^ha	息を強く吐き出して「パハ」。	파	파
차 (チャ)	ch^ha	息を強く吐き出して「チャハ」。	차	차

＊激音は語中でも濁りません。

濃音

「濁る、濁らない」の区別がある子音4個と ㅅ (s) には、濃音という「おまけ」があります。濃音は喉を締めて出す音です。促音の「ッ」をつけた音が激音に近いです。母音の ㅏ (a) を付けた形で紹介します。

🔊 TRACK 009

까 (ッカ)	kka	「まっか」の「ッカ」。	까	까
따 (ッタ)	tta	「かった」の「ッタ」。	따	따
빠 (ッパ)	ppa	「はっぱ」の「ッパ」。	빠	빠
싸 (ッサ)	ssa	「きっさ」の「ッサ」。	싸	싸
짜 (ッチャ)	ccha	「まっちゃ」の「ッチャ」。	짜	짜

＊濃音は語中でも濁りません。

● 母音と子音のまとめ ●

子音＼母音	ㅏ a	ㅓ ō	ㅗ o	ㅜ u	ㅡ ū	ㅣ i	ㅐ e	ㅔ e
ㄱ k/g	가	거	고	구	그	기	개	게
ㄴ n	나	너	노	누	느	니	내	네
ㄷ t/d	다	더	도	두	드	디	대	데
ㄹ l	라	러	로	루	르	리	래	레
ㅁ m	마	머	모	무	므	미	매	메
ㅂ p/b	바	버	보	부	브	비	배	베
ㅅ s	사	서	소	수	스	시	새	세
ㅇ -	아	어	오	우	으	이	애	에
ㅈ ch/j	자	저	조	주	즈	지	재	제
ㅊ chʰ	차	처	초	추	츠	치	채	체
ㅋ kʰ	카	커	코	쿠	크	키	캐	케
ㅌ tʰ	타	터	토	투	트	티	태	테
ㅍ pʰ	파	퍼	포	푸	프	피	패	페
ㅎ h	하	허	호	후	흐	히	해	헤
ㄲ kk	까	꺼	꼬	꾸	끄	끼	깨	께
ㄸ tt	따	떠	또	뚜	뜨	띠	때	떼
ㅃ pp	빠	뻐	뽀	뿌	쁘	삐	빼	뻬
ㅆ ss	싸	써	쏘	쑤	쓰	씨	쌔	쎄
ㅉ cch	짜	쩌	쪼	쭈	쯔	찌	째	쩨

※辞書では基本子音のㄱからㅈまでそれぞれの最後に濃音が入り、ㅈの後に激音が続き、最後がㅎです。

19

パッチム

　ハングルは子音と母音の組み合わせですが、さらにもう一つ子音がつく場合があります。この二つ目の子音を「パッチム」といいます。　　🔊 TRACK 010

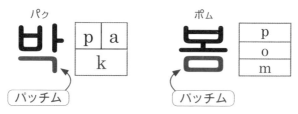

二文字パッチム

　二つの子音がパッチムになることもあります。その場合はどちらか一つを発音します。

▶右側の子音を発音するもの　　　　　　　　　　　　🔊 TRACK 011

サム　　　　　　　　タク　　　　　　　　ウプタ
삶 生　　　닭 ニワトリ　　읊다 詠む

▶左側の子音を発音するもの　　　　　　　　　　　　🔊 TRACK 012

アンタ　　　　　　　マンタ　　　　　　　ヨドル
앉다 座る　　많다 多い　　여덟 八つ

コル　　　　　　カプ　　　　　　シルタ　　　　　　　ハルタ
곬 道筋　　값 値段　　싫다 嫌だ　　핥다 なめる

パッチムの発音は7種類

　ㄱ、ㅋ、ㄲは母音がつかないと発音の区別はできません。パッチムは子音だけの音なので、박と밖と밬はすべて [박] と発音されます。

　ㄷ、ㅅ、ㅈ、ㅊは息を吐き出す直前で止めると、舌が上の歯茎で止まります。パッチムになると、받や밧や밫はすべて [받] と発音されます。

　およそすべての子音がパッチムになりますが、実際に聞こえるその発音は7種類です。

● パッチムの発音 ●

		喉の音	歯の音	唇の音		
息を止める音（「ッ」に聞こえる音）	発音	ㄱ [k]	ㄷ [t]	ㅂ [p]	※ルビに頼ると母音をつけて発音してしまったり、パッチムの区別がつかなくなったりしますので、なるべくハングルを見て読むようにしてください。	
	パッチム	ㄱ , ㅋ , ㄲ	ㄷ , ㅌ , ㅅ , ㅆ , ㅈ , ㅊ , ㅎ	ㅂ , ㅍ		
	例	각 kak 🔊 TRACK 013 カッカの「カッ」	갇 kat 🔊 TRACK 014 カッタの「カッ」	갑 kap 🔊 TRACK 015 カッパの「カッ」		
	発音のコツ	舌の付け根で喉を塞いで息を止める。	舌を歯で噛んで息を止める。	唇を閉じて息を止める。		
鼻から息を出す音（「ン」に聞こえる音）	発音	ㅇ [ng]	ㄴ [n]	ㅁ [m]	**舌の脇から息を出す音**	ㄹ [l]
	パッチム	ㅇ	ㄴ	ㅁ		ㄹ
	例	강 kang 🔊 TRACK 016 カンガの「カン」	간 kan 🔊 TRACK 017 カンダの「カン」	감 kam 🔊 TRACK 018 カンマの「カン」		갈 kal 🔊 TRACK 019
	発音のコツ	舌の付け根で喉を塞いで「ン」。	舌を歯で噛んで「ン」。	唇を閉じて「ン」。		舌を上歯茎の裏に付けたまま、舌の両脇から息を出す。

21

 TRACK 020

❶ お兄さん

オッパ
오빠　오빠

親しい男性は皆「オッパ」。
推しが年下でも「オッパ」。

❷ リンゴ

サグァ
사과　사과

「謝過」と書いて、사과 (サグァ) と読むので、リンゴは謝罪のアイテムです。

❸ 愛

サラン
사랑　사랑

韓国人が一番好きな言葉が、この사랑。
랑のンは口を開けたままにします。

❹ 本当、本物

チンッチャ
진짜　진짜

驚いたとき「진짜!? (マジで!?)」といいます。

❺ 空

ハヌル
하늘　하늘

音がきれいなので、名前にも使われます。
男女どちらにもOK。

❻ ヤバイ

テバク
대박　대박

「大ヒット」「大当たり」の意味ですが、
「すごい！」「ヤバイ！」といいたい時にも。

❼ ため息

ハンスム
한숨　한숨

숨の発音は、唇を閉じたままです。
唇を離すと、sumuと母音がつくので注意。

❽ おはよう、じゃあね

アンニョン
안녕　안녕

안のンは舌は歯についていて、녕のン
は舌の位置は喉で、口は開けっ放し。

❾ 花火

プルコッ
불꽃　불꽃

불が「火」で、꽃が「花」の意味ですから、
日本語と語の順番が逆です。

❿ ポップソング ♪

パプソン
팝송　팝송

「ソング」は송、「グ」は発音しません。
K-POPは케이팝（ケイパプ）といいます。

ハングル読めるかな？

◀)) TRACK 021

　漢字の熟語や英語由来のカタカナ語は、読めば意味の見当がつくものが多いで
す。

漢字

ヤクソク 약속	約束
キオク 기억	記憶
ウンドン 운동	運動
タンスン 단순	単純
カンダン 간단	簡単
キミョ 기묘	奇妙

カタカナ

キス 키스	キス
ショピン 쇼핑	ショッピング
アルバイトゥ 아르바이트	アルバイト
シムプル 심플	シンプル
セクシ 섹시	セクシー
クル 쿨	クール

発音の変化

韓国語は発音変化が難しいと言われますが、実はネイティブにとっても発音しにくいところを、楽に発音しているからです。そのため、韓国語は「書かれている文字」と「聞こえてくる音」が一致しないので、「目」で文字を覚え、「耳」で音を覚える必要があります。もし、ドラマのセリフや歌の歌詞で「耳が知っている単語」があれば、

①「耳が知っている単語」の綴りを確認

そして発音ルールを体系的に整理するために、

②発音ルールを覚えるための単語をいくつかピックアップ

という手順で「慣れていく」ことができると思います。

連音化

パッチムの後ろに母音が続くと、くっついて発音されます。

音なし → 読むとき母音とくっつく

필 요 ➡ 필↗요 発音は [피료]

ピル ヨ　ピリョ

필요（必要） p^{h}il-yo ピルーヨ → [피료] p^{h}ilyo ピリョ 🔊 TRACK 022

단어（単語） tan-ō タンーオ → [다너] tanō タノ 🔊 TRACK 023

※語中で濁る子音は、連音化すると語中になるので濁って発音されます。

낙원（楽園） nak-won ナㇰーウォン → [나권] nagwon ナグォン

🔊 TRACK 024

※パッチムがㅇの場合は、連音化しません。

영원（永遠） yōng-won ヨンーウォン → [영원] yōngwon ヨンウォン

🔊 TRACK 025

濃音化

息を止める音のパッチムの次にㄱ、ㄷ、ㅂ、ㅈ、ㅅ（カタパチャ+S）がくると、濃音化します。

```
息を止める音の      ㄱ            息を止める音の      ㄲ
  パッチム    +   ㄷ    ⇒    パッチム    +   ㄸ
 [ㄱ/ㄷ/ㅂ]       ㅂ           [ㄱ/ㄷ/ㅂ]         ㅃ
                ㅈ                            ㅉ
                ㅅ                            ㅆ
```

꽃다발(花束) kkot-ta-bal　ッコッタバル
　　→　[꼳따발] kkottabal　ッコッタバル　　　🔊 TRACK 026

激音化

ㅎの前後にㄱ、ㄷ、ㅂ、ㅈ(カタパチャ)がくると、激音化します。

```
              ㄱ      ㅋ              ㄱ       ㅋ
パッチムㅎ +  ㄷ  ⇒  ㅌ            ㄷ  +  ㅎ ⇒  ㅌ
              ㅂ      ㅍ              ㅂ       ㅍ
              ㅈ      ㅊ              ㅈ       ㅊ
```

좋다(良い) choh-ta　チョ・ータ　→　[조타] chotʰa　チョタ　　🔊 TRACK 027

축하(祝賀) chʰuk-ha　チュクーハ →　[추카] chʰukʰa　チュカ 🔊 TRACK 028

❌ [t]で発音されるパッチム(→p. 21)は、[t]のままで激音化することもあります。

못해(できない) mot-he　モッーヘ→　[모태] motʰe　モテ　　　🔊 TRACK 029

鼻音化1

息を止める音(ッ)のパッチムの後にㄴ、ㅁが続くと、「ン」の音になります。「ッ」で発音しにくいパッチムが「ン」で発音されるというのが「鼻音化1」です。

```
        [ㄱ]                            ㅇ
パッチム[ㄷ]  +  ㄴ・ㅁ  ⇒  パッチム ㄴ  +  ㄴ・ㅁ
        [ㅂ]                            ㅁ
```

십년（十年）sip-nyŏn シプーニョン
→ ［심년］ simnyŏn シムニョン　　　🔊 TRACK 030

거짓말（嘘）kŏ-jit-mal コージッーマル
→ ［거진말］ kŏjinmal コジンマル　　　🔊 TRACK 031

鼻音化2

パッチムロ、ㅇの次に続くㄹはㄴで発音されます。

```
パッチム  ㅁ   ＋ ㄹ  ➡  パッチム  ㅁ   ＋ ㄴ
          ㅇ                        ㅇ
```

음료（飲料）ūm-lyo ウムーリョ → ［음뇨］ ūmnyo ウムニョ　🔊 TRACK 032

강력（強力）kang-lyŏk カンーリョク → ［강녁］ kangnyŏk カンニョク
🔊 TRACK 033

鼻音化3

パッチムㄱ、ㅂの次にㄹが続くと、パッチムもㄹも鼻音で発音されます。

```
パッチム  ㄱ   ＋ ㄹ  ➡  パッチム  ㅇ   ＋ ㄴ
          ㅂ                        ㅁ
```

협력（協力）hyŏp-lyūk ヒョプーリョク → ［혐녁］ hyŏmnyūk ヒョムニョク
🔊 TRACK 034

側音化（ㄴのㄹ化）

ㄹとㄴがぶつかると、どちらもㄹで発音されます。

```
パッチム ㄴ ＋ ㄹ  ➡  パッチム ㄹ ＋ ㄹ

パッチム ㄹ ＋ ㄴ  ➡  パッチム ㄹ ＋ ㄹ
```

연락（連絡）yŏn-lak ヨンーラク → ［열락］ yŏllak ヨルラク
🔊 TRACK 035

일년（一年）il-nyŏn イルーニョン → ［일련］ illyŏn イルリョン
🔊 TRACK 036

ㅎの弱音化

パッチムㅎの後に母音が続くと、ㅎは発音されません。また、パッチムㄴ、ㄹ、ㅁの次にくるㅎは弱音化して、連音化します。

> パッチム **ㅎ** ＋ 母音 ➡ パッチム無 ＋ 母音
>
> 　　　　　ㄴ　　　　　　　　　　　　　ㄴ
> パッチム **ㄹ** ＋ [ㅎ・母音] ➡ パッチム **ㄹ** ＋ [ㅎ──母音]
> 　　　　　ㅁ　　　　　　　　　　　　　ㅁ

連音化する

좋아요 (良いです) choh-ayo → [조아요] choɦayo チョアヨ ◀)) TRACK 037

전화 (電話) chōn-hwa → [저놔] chōnɦwa チョヌァ ◀)) TRACK 038

❀ 人によって弱音化の程度は異なります。전화(電話)を「チョヌァ」と発音する
　もいれば、「チョンファ」とㅎ [h] をはっきり発音する人もいます。

ㄴ音挿入

그림 (絵) 엽서 (葉書) のように、2つ以上の語がくっつく場合、前の語がパッチ
ムで終わり、後ろの語が야, 여, 요, 유, 이 (ヤ行とイ) で始まるとき、間にㄴ[n]
が挿入されます。

> パッチム ＋ [○ ＋ ㅑ ㅕ ㅛ ㅠ ㅣ]
> ➡ パッチム ＋ [ㄴ ＋ ㅑ ㅕ ㅛ ㅠ ㅣ]

ヤ行とイ

강남역 (江南駅) 강남＋역 カンナムーヨク
　　　→ [강남녁] kangnamnyōk カンナムニョク ◀)) TRACK 039

❀ 否定の안、不可能の못がつくときにもㄴ[n]が挿入されます。

안 잊어 (忘れない) 안＋잊어 → [안니저] アンニジョ ◀)) TRACK 040

못 열어 (開けられない) 못＋열어 → [몯녀러] → [몬녀러] モンニョロ
　　　　　　　　　　　　　　　鼻音化1が起きる┘　◀)) TRACK 041

27

濁る？ 濁らない？ 有声音化の謎

　韓流ブームを作った「冬のソナタ」でペ・ヨンジュンが演じたのは강준상
（カン・ジュンサン）でした。ドラマの紹介サイトにある人物相関図をみると
「カン・ジュンサン（チュンサン）」と書かれています。名前だけで준상と呼
ぶと、ㅈが語頭なので、「チュンサン」と聞こえ、フルネームで강준상と呼
ぶと、ㅈが語中になるので、「カン・ジュンサン」と聞こえるからです。日
本語では、「ちゅう（注）」と「じゅう（銃）」、「濁る・濁らない」で意味が違っ
てきますから、チュンサンとジュンサンは別人なのかと思ってしまいます。

　しかし、韓国語母語話者には、준상の준と강준상の준は同じ音に聞こえ
ています。だからこそ同じ준の文字が使われています。

　韓国語母語話者が区別するのは、주[chu]、추[chʰu]、쭈[cchu]です。韓国語
母語話者がルビをふると、추[chʰu]と쭈[cchu]に「チュ」、주[chu]は「ジュ」に
なります。

　韓国語と日本語の聞こえ方の違いは、こんな感じです。

実際の音	cchu	chʰu	chu	ju
韓国語	쭈	추	주	주
日本語	チュ	チュ	チュ	ジュ

　そういうわけで、韓国では、경수にgyongsu、지민にjiminとローマ字ルビ
がふられるので、カタカナルビだと경수はギョンスで、지민はジミンになり
ます。ところが、教科書には「ㄱ・ㄷ・ㅂ・ㅈは語頭で濁らず語中で濁る」と
書いてありますから混乱します。韓国語母語話者と日本語母語話者で「聞こ
え方が違う」ということを知っておくとよいでしょう。

• Part 2 •
文法のコツ

「文法は苦手」という人も、韓国語なら大丈夫！
文法のコツをつかめば、楽しみも広がります。
丁寧形やため口の違いを知るだけでも、
ドラマを見る楽しみが倍増します。

語順は日本語と同じ

韓国語が学びやすい外国語だと言われる理由の一つが「日本語と語順が同じ」ことです。

ユミガ　　　　カレルル　　　　モゴヨ
유미가 카레를 먹어요.
ユミが　　　　カレーを　　　食べます。

助詞も日本語と同じ

「ユミがカレーを食べます」では、「が」と「を」が助詞です。韓国語では「が」が가(ガ)で音まで同じです。「を」は를(ルル)です。助詞が分かれば、「ユミ」や「カレー」を別の単語に置き換えることができます。

コヤンイガ　　　モギルル　　　　モゴヨ
고양이가 먹이를 먹어요.
ネコが　　　　　餌を　　　　食べます。

ただ、名詞の種類によって、同じ「が」「を」でも別の形を使います。

ヨドンセンイ　　　キムパブル　　　モゴヨ
여동생이 김밥을 먹어요.
妹が　　　　のり巻きを　　食べます。

여동생や김밥は、最後の文字がパッチムで終わっているので、助詞の「が」は이(イ)、「を」は을(ウル)を使います。母音で始まる助詞をつけることで連音化して発音しやすくなります。

よく使う助詞

名詞がパッチムで終わるかどうかで使い分けをするもの

が ガ イ 가/이	は ヌン ウン 는/은	を ルル ウル 를/을	と(and) ワ グァ 와/과	(手段)で ロ ウロ 로/으로
ノレガ 노래가 歌が	ノレヌン 노래는 歌は	ノレルル 노래를 歌を	ノレワ 노래와 歌と	ノレロ 노래로 歌で
マウミ 마음이 心が	マウムン 마음은 心は	マウムル 마음을 心を	マウムグァ 마음과 心と	マウムロ 마음으로 心で

左端ラベル: パッチムなし（上段）／パッチムあり（下段）

パッチムのあり・なしに関係ないもの

(場所)に エ 에	(人)に エゲ 에게*1	(場所)で (場所)から*2 エソ 에서	(時)から ブト 부터	(場所・時)まで ッカジ 까지
チベ 집에 家に	チングエゲ 친구에게 友だちに	チベソ 집에서 家で/家から	オヌルブト 오늘부터 今日から	ネイルカジ 내일까지 明日まで

も ト 도	の エ 의*3	と(and) ハゴ 하고
ナド 나도 僕も	クデエ 그대의 君の	ナハゴ 나하고 僕と

*1　会話では한테 (ハンテ) もよく使います。

*2　文脈で意味が変わります。

*3　의の発音は[ウイ]ですが、助詞「の」の場合は[エ]と発音されます。
　　ただし、助詞の의はよく省略されます。たとえば、「君の名前」は그대의 이름 (クデエ イルム) とも그대 이름 (クデ イルム) ともいいます。

動詞の活用の仕方も同じ

「食べる」という動詞が、「食べます」「食べた」と形を変えることを「活用」といいます。日本語と韓国語はこの活用の仕方が似ています。

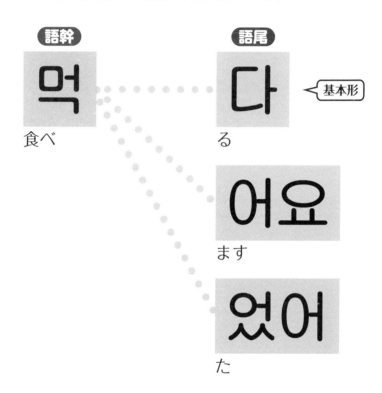

語幹

먹

食べ

語尾

다　←**基本形**

る

어요

ます

었어

た

　日本語も韓国語も、動詞の意味を表し活用の時に形を変えない**「語幹」**と、活用で形が変わる部分の**「語尾」**に分けることができます。この「語尾」を取り換えて、丁寧や過去を表します。

　辞書に載っている形（基本形）は、日本語だと動詞はウ段、形容詞はイ、形容動詞はダで終わり、語幹と語尾の境目もわかりにくいものがありますが、韓国語は活用する品詞はすべて다（タ）で終わります。そしてこの다をとったものが語幹なので、語幹と語尾の境目が一目でわかります。

活用の種類

韓国語は、語幹の種類によって活用のパターンが3種類あります。

❶ そのままタイプ ●

語幹の種類に関係なくすべての語幹に同じ活用語尾がつく。

오다 + 잖아 ➡ 오잖아

来る　　～じゃない(確認)　　来るじゃない

> **Part 3で学ぶ、そのままタイプのキーフレーズ**
> **キーフレーズ1** 고 싶다(希望①)／**キーフレーズ2** 잖아(確認)／**キーフレーズ3**
> 지 마(禁止)／**キーフレーズ8** 고 싶어(希望②)　など

❷ 母音を見るタイプ ●

韓国語では、母音を「陽母音」と「陰母音」に分けます。2つめの活用タイプは、
語幹の母音が陽母音か、陰母音かで活用語尾を選びます。

> 陽母音＝ ㅏ・ㅗ　　　陰母音＝ ㅏ・ㅗ以外

＊ ㅑも陽母音の仲間ですが、語幹の母音が ㅑ のものは限られるので、「陽母音は ㅏ と ㅗ」
と覚えておけば十分です。

ㅏは陽母音

陽母音語幹 ➡ 닫다 + 아요 ➡ 닫아요

閉める　　～ます(丁寧)　　閉めます

ㅕは陰母音

陰母音語幹 ➡ 열다 + 어요 ➡ 열어요

開ける　　～ます(丁寧)　　開けます

❀パッチムのない語幹の場合、語幹の母音と活用語尾の母音がくっつきます。

가다 + 아요 → 가요
카ダ (行く) + アヨ (丁寧) → カヨ (行きます)

❀하다 (ハダ)「する」の語幹は하で、陽母音ですが、例外的に活用します。

하다 → 해요
ハダ (する) → ヘヨ (します) ＜ そのまま覚える！ ＞

Part 3で学ぶ、母音を見るタイプのキーフレーズ
キーフレーズ6・7 아/어 (非丁寧形) ／ **キーフレーズ11** 아/어 봐 (〜てごらん) ／
キーフレーズ12 아/어 줘 (〜てくれ) ／ **キーフレーズ16・17** 았어/었어 (過去)
など

---

❸ パッチムを見るタイプ ●

語幹が母音で終わっているか (パッチムなし)、子音で終わっているか (パッチム
あり) で、活用語尾を選びます。

パッチムなし ＞ 보다 + 면 → 보면
ポダ (見る) + ミョン (〜れば(仮定)) → ポミョン (見れば)

パッチムあり ＞ 잊다 + 으면 → 잊으면
イッタ (忘れる) + ウミョン (〜れば(仮定)) → イジュミョン (忘れれば)

Part 3で学ぶ、パッチムを見るタイプのキーフレーズ
キーフレーズ21 니까/으니까 (理由) ／ **キーフレーズ22** 면/으면 (仮定) ／
キーフレーズ23 ㄹ게/을게 (意志) ／ **キーフレーズ24** ㄹ까/을까 (疑問) など

韓国での言葉遣い

丁寧形・非丁寧形について

　日本語でも、仕事の場では「です・ます」を使い、友だち同士ではくだけた言い方(ため口)を使い、さらにビジネスメールなどでの書き言葉があるなど、場面によって言葉遣いが変わります。韓国語も同じように、相手や場面によって丁寧形と非丁寧形(ため口)を使い分けます。

　ただ、「です・ます形」にあたる丁寧形が、韓国語にはハムニダ体とヘヨ体の2種類あり、それに対応する非丁寧形もあります。日本語訳にはハムニダ体とヘヨ体の違いを反映することはできません。

〈基本形〉　動詞　사랑하다（サランハダ）愛する　　形容詞　미안하다（ミアナダ）すまない

	ハムニダ体 (格式体)	ヘヨ体 (略式体)
丁寧形	自己紹介やスピーチ、公の場で目上の人に対する時などに使う。 사랑합니다（サランハムニダ）. 愛してます。 미안합니다（ミアナムニダ）. ごめんなさい。	目上の人や親しくない知人との通常の会話で使う。 사랑해요（サランヘヨ）. 愛してます。 미안해요（ミアネヨ）. ごめんなさい。
非丁寧形	新聞記事、詩、歌詞、独り言などで使う。 사랑한다（サランハンダ）. 愛してる。 미안하다（ミアナダ）. ごめん。	親しい友達同士の会話で使う。 사랑해（サランヘ）. 愛してる。 미안해（ミアネ）. ごめん。

＊本書では、歌詞やドラマのセリフでなじみのある表現を使って韓国語を学ぶために、Part 3のキーフレーズ編では非丁寧形を扱います。キーフレーズ編の応用として、丁寧編ではヘヨ体丁寧形を学びます。

男ことば、女ことばについて

　日本語の小説などで「愛してるわ」というセリフを見れば、誰が話しているのか書かれていなくても、たぶん女性だろうと思います。これが韓国語だと「사랑해 (サランヘ)」というセリフを見ただけでは、話しているのが女性か男性かわかりません。

　韓国語にはいわゆる「男ことば」「女ことば」という区別がないので、訳す場合には話している人の性別や性格などで日本語を選ぶ必要があります。

　사랑해 (サランヘ) の日本語訳は、愛してる、愛してるわ、愛してるよ、など。
　미안해 (ミアネ) の日本語訳は、ごめん、すまん、ごめんね、など。

　本書ではPart 3のキーフレーズや歌・ドラマフレーズで、男性のことばと想定されるものは男性的口調で訳していますが、そのままのフレーズで女性も使うことができます。

「わたし」「あなた」について

　自分や相手を指すことばについて見ると、丁寧形の場合は日本語と韓国語に大きな違いはありません。相手を呼ぶ場合、日本語にも韓国語にも英語の「you」のように便利に使える言葉がなく、「課長さん」「お客様」「お父さん」など社会的な役割名や、相手の名前に「さん」を付けて呼ぶのも同じです。

　非丁寧形で自分を指すとき、日本語は性別で区別しますが、韓国語は区別しません。

区分		日本語	韓国語
丁寧形	自分	わたし	저 _{チョ}
	相手	役割名 相手の名前＋さん	役割名 相手の名前＋씨 _{ッシ}
非丁寧形	自分	女性：わたし、あたし 男性：僕、俺	나 _ナ
	相手	あなた、君(限定的？) 相手の名前	너 _ノ 그대 _{クデ}(歌詞や詩) 相手の名前

＊多様な性がありますが、ここではこれまで作られてきた歌やドラマなどに見られる性差を扱っています。

37

「パンマル」の使いどころ

韓国のドラマや映画を見ていると、言葉遣いを問題にすることが多くあります。

오늘은 왜 반말해요?
オヌルン ウェ パンマレヨ

今日は言葉がぞんざいね。(直訳：今日はなぜため口ですか？)

근데 왜 반말이세요?
クンデ ウェ パンマリセヨ

えらそうな態度ね。(直訳：でもなぜため口でいらっしゃいますか？)

「です、ます」を使わない非丁寧形を**반말**(パンマル)と言い、親しい友達同士や、上司が部下に対して使ったりします。ところが、自分は相手と親しい、または相手よりエライと思っているのに相手はそうは思っていなかったという場面で、言葉遣いが指摘されます。韓国語は人間関係の言葉遣いへのあらわれ方が、日本語よりもはっきりしているからです。

日常会話でよく使われるヘヨ体では、丁寧形とパンマルは、文の最後に요(ヨ)があるかないかだけで区別します。相手との距離を縮めたいという気持ちの揺れや、相手の機嫌を伺っているときの不安が、

미안해……요.
ミアネ ヨ

ごめん……なさい。

붕 안 떴는데……요.
プン アン トンヌンデ ヨ

浮かれてなんか……いません。

という具合に、とってつけたような요(ヨ)に現れたりします。

また、部下(男性)と上司(女性)の恋人の会話で、普段は丁寧形を使っている男性が、ここぞというところでパンマルを使ってドキッとさせる、ということもあります。セリフが聞き取れなくても、文末の요(ヨ)があるかないかに耳を澄ますだけで、字幕以上のニュアンスを感じることができます。

•Part 3•
実践フレーズ

K-POPやドラマのセリフを使って
韓国語の文法を覚えましょう。
聞いたことのあるフレーズが、きっと出てきます。
日常会話に役立つ、丁寧編もあります。

보고 싶다.

（ポゴ　シプタ）

会いたい。

文法　語幹 ＋ 고 싶다（コ　シプタ）　〜たい

　語幹の種類（陽母音・陰母音、パッチムの有無）にかかわらず、語幹に고 싶다（コシプタ）をつければ、希望表現「〜たい」になります。ハムニダ体の非丁寧形ですので、歌の歌詞、書き言葉、独り言などで使われます。

語幹は다をとった形

보다　＋　고 싶다　➡　보고 싶다
（ポダ）　　　（コ　シプタ）　　（ポゴ　シプタ）
会う　　　　　〜たい　　　　会いたい

キーフレーズ解説

発音

動詞の語幹にパッチムがあるかないか、またパッチムの種類によって、後に続く고 싶다の고の音が変わります。

보고 싶다　会いたい　（語中のkはgに）
po-go sip-tta

잊고 싶다　忘れたい　（つまる音のパッチムの後のkはkkに（濃音化））
it-kko sip-tta

닿고 싶다　触れたい　（ㅎの後のkはkʰに（激音化））
ta-kʰo sip-tta

単語

보다は、「会う」の他に「見る」「読む」の意味もありますので、보고 싶다は、「（映画を）見たい」、「（新聞を）読みたい」などの場面でも使えます。

❶ 잊다
イッタ
忘れる

➡ **잊고 싶다.**
イッコ シプタ
忘れたい。

❷ 끌어안다
ックロアンタ
抱きしめる

➡ **끌어안고 싶다.**
ックロアンコ シプタ
抱きしめたい。

❸ 키스하다
キスハダ
キスする

➡ **키스하고 싶다.**
キスハゴ シプタ
キスしたい。

❹ 너를 보다
ノルル ポダ
君 を 会う

➡ **너를 보고 싶다.**
ノルル ポゴ シプタ
君に会いたい。

🎵注 ※너「君」は非丁寧形。親しい間柄でのみ使います。
　　※日本語では「君に会う」ですが、韓国語では助詞の를/을「を」を使います。

❺ 손을 잡다
ソヌル チャプタ
手 を つなぐ

➡ **손을 잡고 싶다.**
ソヌル チャプコ シプタ
手をつなぎたい。

❻ 너에게 닿다
ノエゲ タタ
君 に 触れる

➡ **너에게 닿고 싶다.**
ノエゲ タコ シプタ
君に触れたい。

❼ 멀리 떠나다
モルリ ットナダ
遠く 離れる

➡ **멀리 떠나고 싶다.**
モルリ ットナゴ シプタ
遠く離れたい。

ネガ イッチャナ

내가 있잖아.

俺がいるじゃないか。

文法 語幹 + 잖아 〜じゃないか
　　　　　　　　 チャナ

　語幹の種類にかかわらず、語幹に잖아(チャナ)をつければ、相手に確認したり同意を求めたりする表現になります。「〜じゃないか」「〜じゃん」などの日本語に該当します。

イッタ　　　　 チャナ　　　　　　　　 イッチャナ

있다 ＋ 잖아 ➡ 있잖아
いる　　じゃないか　　　 いるじゃないか

キーフレーズ解説

語尾

ヘヨ体は「？」をつけて語尾を上げると疑問文になります。

있잖아? 　いるじゃない？ / いるだろ？

また、ヘヨ体は요(ヨ)をつけると丁寧形になります。

있잖아요. 　いるじゃないですか。 / いるでしょう。

있잖아요? 　いるじゃないですか？ / いるでしょう？

単語

・日本語は、生き物には「いる」、物には「ある」を使いますが、韓国語は両方とも있다(イッタ)を使います。
・나(ナ)は非丁寧形の文で使う一人称「私・僕・俺」です。
　助詞の가「が」がつくと내가(ネガ)「私が・僕が・俺が」と形が変わります。

歌💗ドラマフレーズ

❶ <ruby>재미없다<rt>チェミオプタ</rt></ruby> ➡ <ruby>재미없잖아<rt>チェミオプチャナ</rt></ruby>.

つまらない

つまらないじゃん。

❷ <ruby>그렇다<rt>クロタ</rt></ruby> ➡ <ruby>그렇잖아<rt>クロチャナ</rt></ruby>.

そうだ

そうじゃん。

❸ <ruby>미안하다<rt>ミアナダ</rt></ruby> ➡ <ruby>미안하잖아<rt>ミアナジャナ</rt></ruby>.

すまない

すまないじゃないか（悪いじゃない）。

❹ <ruby>운명이다<rt>ウンミョンイダ</rt></ruby> ➡ <ruby>운명이잖아<rt>ウンミョンイジャナ</rt></ruby>.

運命　だ

運命じゃないか。

❺ <ruby>너도 알다<rt>ノド　アルダ</rt></ruby> ➡ <ruby>너도 알잖아<rt>ノド　アルジャナ</rt></ruby>.

君　も　わかっている

君もわかってるだろ？

❻ <ruby>바보 같다<rt>パボ　カッタ</rt></ruby> ➡ <ruby>바보 같잖아<rt>パボ　カッチャナ</rt></ruby>.

バカ　同じだ

バカみたいじゃないか。

❼ <ruby>눈물이 나다<rt>ヌンムリ　ナダ</rt></ruby> ➡ <ruby>눈물이 나잖아<rt>ヌンムリ　ナジャナ</rt></ruby>.

涙　が　出る

涙が出るじゃない。

걱정하지 마.
（コクチョンハジ マ）

心配するな。

📖 **文法** 　語幹 ＋ 지 마（チ マ）　〜するな

語幹の種類にかかわらず、語幹に지 마（チ マ）をつければ、「〜するな」という禁止表現になります。非丁寧形で、しかも命令形ですので、本当に親しい間柄や目下の者にしか使いません。

걱정하다 ＋ 지 마 ➡ 걱정하지 마
（コクチョンハダ）　（チ マ）　　（コクチョンハジ マ）
心配する　　　　な　　　　　心配するな

キーフレーズ解説

語尾

지 마は、非丁寧形です。마の部分の形を変えて、丁寧さの度合いを変えられます。

걱정하지 마라.（マラ）	心配するな。	↑ 丁寧さ小
걱정하지 마.（マ）	心配するな。	
걱정하지 말아.（マラ）	心配するな。	非丁寧
걱정하지 마요.（マヨ）	心配しないで（ください）。	丁寧
걱정하지 말아요.（マラヨ）	心配しないで（ください）。	
걱정하지 마세요.（マセヨ）	心配しないでください。	↓ 丁寧さ大

♪ 歌 ♥ ドラマフレーズ ● ● ● ● ● ● ● ● ● ● ●

❶ 돌아보다
トラボダ
振り返る
➡ 돌아보지 마.
トラボジ マ
振り返るな。

❷ 울다
ウルダ
泣く
➡ 울지 마.
ウルジ マ
泣くな。

❸ 망설이다
マンソリダ
ためらう
➡ 망설이지 마.
マンソリジ マ
ためらうな。

❹ 전화를 끊다
チョヌァルル ックンタ
電話 を 切る
➡ 전화를 끊지 마.
チョヌァルル ックンチ マ
電話を切るな。

❺ 손을 놓다
ソヌル ノタ
手 を 離す
➡ 손을 놓지 마.
ソヌル ノチ マ
手を離すな。

❻ 상처를 주다
サンチョルル チュダ
傷 を つける
➡ 상처를 주지 마.
サンチョルル チュジ マ
傷つけるな。

❼ 혼자 가다
ホンジャ カダ
一人で 行く
➡ 혼자 가지 마.
ホンジャ カジ マ
一人で行くな。

注 ※혼자は「一人」という意味の名詞ですが、「一人で」と副詞的にも使われます。

밀지 마세요.
ミルジ マセヨ

押さないでください。

文法 語幹 ＋ 지 마세요　〜ないでください
　　　　　　チ　マセヨ

「語幹＋지 마」(〜するな)の마(マ)を마세요(マセヨ)に変えると丁寧形として使えます。

밀다 ＋ 지 마세요　➡　밀지 마세요
ミルダ　　チ　マセヨ　　　　　ミルジ　マセヨ
押す　　〜ないでください　　　押さないでください

日常フレーズ ● ● ● ● ● ● ● ● ● ● ● ● ● ● ● ● ●

　以下を韓国語で書いてみましょう。さらに、音声を聞きながら声に出して読んでみましょう。

❶ 驚かないでください。[驚く 놀라다]
　　　　　　　　　　　　　　ノルラダ

---

❷ 写真を撮らないでください。[写真 사진 / 撮る 찍다]
　　　　　　　　　　　　　　サジン　　　　ッチクタ

---

❸ 私のカバンに触れないでください。[私の 제 / カバン 가방 / 触れる 손대다]

※丁寧形で使う一人称の「私」は저（チョ）です。「私の」と助詞がつくと제（チェ）となります。

チャレンジ！ ///

「語幹＋지 마세요」は、張り紙や注意書きなどでよく目にします。지 마세요 がついている動詞は何でしょう。またイラストからその意味を考えてみましょう。

ットゥィジ　マセヨ
❹ 뛰지 마세요

キデジ　マセヨ
❺기대지 마세요

🔊 TRACK 049

(解答)

❶ 놀라지 마세요. (ノルラジ　マセヨ)

❷ 사진을 찍지 마세요. (サジヌル　ッチクチ　マセヨ)

❸ 제 가방에 손대지 마세요. (チェ　カバンエ　ソンデジ　マセヨ)

❹ 뛰다 (ットゥィダ)「走る」→뛰지 마세요「走らないでください」

❺ 기대다 (キデダ)「もたれる」→기대지 마세요「もたれないでください」

너를 사랑해.

ノルル　サランヘ

君を愛してる。

　名詞 + 해　〜する／〜している

　もっともよく使う動詞「する」は、韓国語で하다（ハダ）です。会話などでは하다の活用形해（ヘ）を使います。韓国語も日本語と同じように、「愛する」「キスする」のように「する」の前に名詞をつけて多くの動詞をつくります。

$$사랑 + 해 ⇒ 사랑해$$
愛　　　している　　　愛してる

キーフレーズ解説

語尾

해に「？」をつけて語尾を上げると疑問文になります。

사랑해？　愛してるの？

発音

해のㅎは、前にくる名詞にパッチムがある場合、発音が変化します。

記憶する　기억해　⇒　実際の発音 [기어캐]
ki-ōk-he　　　　　　　kiōkʰe　（激音化）

確認する　확인해　⇒　実際の発音 [화기내]
hwak-in-he　　　　　　hwagine　（ㅎが弱音化して連音化）

単語

해は、「する」のほか、状況によって「している（動作の継続）」、「して（命令）」、「しよう（勧誘）」などの意味にもなります。右ページでは命令と疑問を学びます。

歌 ♥ ドラマフレーズ ● ● ● ● ● ● ● ● ● ● ● ● ● ● ●

❶ チョヌァ
전화 ➡ チョヌァヘ チョヌァヘ
전화해. / 전화해?
電話　　電話して。/ 電話する？

❷ キス
키스 ➡ キスヘ キスヘ
키스해. / 키스해?
キス　　キスして。/ キスする？

❸ キオク
기억 ➡ キオケ キオケ
기억해. / 기억해?
記憶　　覚えて。/ 覚えてる？

❹ ヤクソク
약속 ➡ ヤクソケ ヤクソケ
약속해. / 약속해?
約束　　約束して。/ 約束する？

❺ ファギン
확인 ➡ ファギネ ファギネ
확인해. / 확인해?
確認　　確かめて。/ 確かめようか？

❻ チョシム
조심 ➡ チョシメ
조심해.
用心　　気をつけて。

❼ テダプ
대답 ➡ テダペ
대답해.
答え（対答）　答えて。

❽ マル
말 ➡ マレ
말해.
ことば　　言って。

49

너무너무 행복해.
ノムノム　　　ヘンボケ

ものすごく幸せだ。

文法　名詞 + 해　〜だ／〜だよ

状態を表す名詞に하다（ハダ）の活用形해（ヘ）がつくと、「〜だ」という形容詞になります。韓国語では、日本語の形容詞も形容動詞も形容詞に分類します。

행복 + 해 ➡ 행복해
ヘンボク　　ヘ　　　ヘンボケ
幸福　　　だ　　　幸福だ（幸せだ）

キーフレーズ解説

語尾

해に「？」をつけて語尾を上げると疑問文になります。

행복해？　幸せ？

単語

・「キス」「電話」「確認」のように動作を表す名詞に해がつくと「〜する」という動詞に、「幸福」「簡単」「不足」のように状態を表す名詞に해がつくと「〜だ」という形容詞になります。

・너무は「あまりに」「度を超して」という意味です。「とても幸せだ」という気持ちは너무 행복해で十分伝わりますが、너무너무と繰り返すと「ものすごく」「言い尽くせないほど」と強調できます。

 歌 ♥ ドラマフレーズ

❶ 심플
シムプル
シンプル

➡ **심플해.**
シムプレ
シンプルだ。

❷ 센티
センティ
センチメンタル

➡ **센티해.**
センティヘ
センチメンタルだ（感傷的だ）。

注 ※센치해（センチヘ）ということもあります。

❸ 섹시
セクシ
セクシー

➡ **섹시해.**
セクシヘ
セクシーだ。

❹ 남자들은 단순
ナムジャドゥルン　タンスン
男　たちは　単純

➡ **남자들은 단순해.**
ナムジャドゥルン　タンスネ
男たちは単純だ。

❺ 뭐가 그렇게 심각
ムォガ　クロケ　シムガク
何が　そんなに　深刻

➡ **뭐가 그렇게 심각해?**
ムォガ　クロケ　シムガケ
何がそんなに深刻なの？

❻ 시간이 부족
シガニ　プジョク
時間が　不足

➡ **시간이 부족해.**
シガニ　プジョケ
時間が足りない（不足だ）。

❼ 증거는 충분
チュンゴヌン　チュンブン
証拠は　十分

➡ **증거는 충분해.**
チュンゴヌン　チュンブネ
証拠は十分だ。

지금 공부해요.
チグム   コンブヘヨ

今、勉強しています。

文法 名詞 + 해요 ~します/~しています/~です
へヨ

　キーフレーズ4・5の「名詞+해」の、해(ヘ)を해요(ヘヨ)にすると丁寧形になります。通常の会話などで最も広く使われている形です。

　動詞の場合は、「します」のほか、状況によって「しています(動作の継続)」、「して(命令)」、「しましょう(勧誘)」などの意味にもなります。形容詞の場合は「~です」になります。「?」をつければ疑問文になります。

| 動詞 |
コンブ
공부 + 해요 ➡ 공부해요
勉強　　~します　　勉強します
ヘヨ　　　　　コンブヘヨ

| 形容詞 |
トゥクピョル
특별 + 해요 ➡ 특별해요
特別　　~です　　特別です
ヘヨ　　　　　トゥクピョレヨ

日常フレーズ ● ● ● ● ● ● ● ● ● ● ● ● ● ● ●

　以下を韓国語で書いてみましょう。さらに音声を聞きながら声に出して読んでみましょう。

❶ ホテルを予約します。[ホテル 호텔 / 予約 예약]
ホテル　　　　イェヤク

② ソウルでショッピングしています。 [ソウル 서울 / ショッピング 쇼핑]

_____

③ 今、何してますか？ [今 지금 / 何 뭐]

_____

> 注 ※뭐は무엇（ムオッ）「何」の縮約形です。日本語で「何をしていますか？」の助詞「を」
> を省略するように、韓国語でも会話では助詞がよく省略されます。

④ 時間が必要です。 [時間 시간 / 必要 필요]

_____

⑤ とても親切です。 [とても 아주 / 親切 친절]

_____

🔊 TRACK 055

┌─（解答）────────────────────────

① 호텔을 예약해요. （ホテルル　イェヤケヨ）

② 서울에서 쇼핑해요. （ソウレソ　ショピンヘヨ）

③ 지금 뭐 해요? （チグム　ムォ　ヘヨ）

④ 시간이 필요해요. （シガニ　ピリョヘヨ）

⑤ 아주 친절해요. （アジュ　チンジョレヨ）

53

네게 빠져들어.
<small>ネゲ ッパジョドゥロ</small>

君にハマってる。

 文法 語幹 + 아/어 ～する/～している/～だ
<small>ア オ</small>

　Part 2では、母音を見るタイプの活用を紹介しました（→p.33）。陽母音語幹には아（ア）、陰母音語幹には어（オ）をつけて、現在・非丁寧形を表します。ヘヨ体なので、文末に「？」をつければ疑問文になります。

　また、日本語は動詞と形容詞で活用が異なりますが、韓国語は活用が同じです。

陽母音語幹 ▶ 좋다 + 아 ➡ 좋아
<small>チョタ</small> <small>ア</small> <small>チョア</small>
いい ヘヨ体 いい

> 陽母音はㅏ, ㅗ
> 陰母音はそれ以外

陰母音語幹 ▶ 빠져들다 + 어 ➡ 빠져들어
<small>ッパジョドゥルダ</small> <small>オ</small> <small>ッパジョドゥロ</small>
はまる ヘヨ体 はまってる（恋してる）

キーフレーズ解説

発音 아/어は母音なので、語幹にパッチムがあると連音化します。

※パッチムが2つある場合は、右側の子音が連音化します。

없다 + 어 ➡ 없어
ōp-tta ō ōpsō
ない ない

※좋아のように、パッチムがㅎの場合は弱音化してㅎは発音されません。

単語 ・動詞の場合、「する」、「している（動作の継続）」、「して（命令）」、「しよう（勧誘）」などの意味にもなります。

　　　 ・「君」は너（ノ）、助詞の「に」は相手が人の場合에게（エゲ）を使い、「君に」は너에게（ノエゲ）となります。縮約して네게（ネゲ）になります。

❶ 후회는 없다 ➡ 후회는 없어.
フフェヌン オプタ フフェヌン オプソ
後悔 は ない 後悔はない。

❷ 세상을 흔들다 ➡ 세상을 흔들어.
セサンウル フンドゥルダ セサンウル フンドゥロ
世の中 を 揺さぶる 世の中を揺さぶれ。

❸ 기분이 좋다 ➡ 기분이 좋아.
キブニ チョタ キブニ チョア
気分 が いい 気分がいい。

❹ 잘 있다 ➡ 잘 있어?
チャル イッタ チャル イッソ
元気だ 元気？

🈺 ※잘（よく）있다（いる）で「元気だ」の意味になります。

❺ 같이 놀다 ➡ 같이 놀아.
カチ ノルダ カチ ノラ
一緒に 遊ぶ 一緒に遊ぼう。

❻ 영원히 살다 ➡ 영원히 살아.
ヨンウォニ サルダ ヨンウォニ サラ
永遠に 生きる 永遠に生きよう。

❼ 마음에 들다 ➡ 마음에 들어.
マウメ トゥルダ マウメ トゥロ
心 に 入る 気に入ってる。

숨이 막혀.
스미　마캬

息苦しい（息が詰まる）。

　語幹 + 아/어　～する/～している/～だ
　　　　　　　ア　オ

　動詞や形容詞の現在・非丁寧形は、陽母音語幹には아、陰母音語幹には어を
つけますが、語幹が母音で終わっている場合（パッチムがない場合）、아/어が語幹
とくっついてしまいます。

| ㅣは陰母音 | | くっついた形 | 陽母音は ㅏ, ㅗ
陰母音はそれ以外 |

막히다 + 어 ➡ 막혀
マキダ　　　オ　　　マキャ
詰まる　　ヘヨ体　　詰まる

　キーフレーズ解説

語尾

パッチムのない語幹の場合に아/어がくっつくパターンは以下の通りです。

パターン	語幹+아/어➡結果	例
❶ 아/어が 消える	ㅏ + ㅏ ➡ ㅏ	行く 가다(カダ) + 아 ➡ 가(カ)
	ㅐ + ㅓ ➡ ㅐ	割る 깨다(ッケダ) + 어 ➡ 깨(ッケ)
	ㅓ + ㅓ ➡ ㅓ	立つ 서다(ソダ) + 어 ➡ 서(ソ)
❷ 重母音に なる	ㅗ + ㅏ ➡ ㅘ	見る 보다(ポダ) + 아 ➡ 봐(ポァ)
	ㅚ + ㅓ ➡ ㅙ	成る 되다(トェダ) + 어 ➡ 돼(トェ)
	ㅜ + ㅓ ➡ ㅝ	あげる 주다(チュダ) + 어 ➡ 줘(チュォ)
❸ その他	ㅣ + ㅓ ➡ ㅕ	打つ 치다(チダ) + 어 ➡ 쳐(チョ) (キーフレーズはこの例)

※語幹の母音が「ㅟ」「ㅢ」の場合は縮約しません。

　走る 뛰다(ットゥィダ) + 어 ➡ 뛰어(ットゥィオ)

　白い 희다(ヒダ) + 어 ➡ 희어(ヒオ)

歌♥ドラマフレーズ

❶ 뛰다
＿＿
走る
➡ 뛰어!
走れ！

❷ 눈부시다
＿＿＿
まぶしい
➡ 눈부셔.
まぶしい。

❸ 심장이 멈추다
＿＿ ＿＿
心臓 が 止まる
➡ 심장이 멈춰.
心臓が止まる。

❹ 꿈을 꾸다
＿＿ ＿
夢 を 見る
➡ 꿈을 꿔.
夢を見ろ。

❺ 시간이 흘러가다
＿＿ ＿＿＿
時間 が 流れる
➡ 시간이 흘러가.
時間が流れる。

❻ 눈물을 데려오다
＿＿＿ ＿＿＿
涙 を 連れてくる
➡ 눈물을 데려와.
涙を誘う。

❼ 가슴이 무너지다
＿＿ ＿＿＿
胸 が つぶれる
➡ 가슴이 무너져.
胸がつぶれる。

57

어디에 살아요?
オディエ　サラヨ

どこに住んでいますか？

 文法 語幹 + 아요/어요　〜します/〜しています/〜です
アヨ　オヨ

　キーフレーズ6・7の「語幹＋아/어」に、요(ヨ)をつけると丁寧形になります。文末に「？」をつければ疑問文になります。

　動詞の場合は、「ます(か？)」のほか、状況によって「しています(動作の継続)」、「して(命令)」、「しましょう(勧誘)」などの意味にもなります。形容詞の場合は「〜です」になります。

陽母音語幹 만나다 ＋ 아요 ➡ 만나요
マンナダ　　　　　アヨ　　　　マンナヨ
会う　　　　　　〜ます　　　会います

陰母音語幹 길다 ＋ 어요 ➡ 길어요
キルダ　　　　　オヨ　　　　キロヨ
長い　　　　　〜です　　　長いです

日常フレーズ • • • • • • • • • • • • • • • • •

　以下を韓国語で書いてみましょう。さらに音声を聞きながら声に出して読んでみましょう。

❶ 髪が長いです。[髪 머리 / 長い 길다]
　　　　　　　　　　モリ　　　　　キルダ

注 ※머리は「髪」と「頭」の両方の意味があります。

❷ 何がおいしいですか？［何 뭐 / おいしい 맛있다］

---

❸ 一緒に行きましょう。［一緒に 같이 / 行く 가다］

---

❹ よく似合っています。［よく 잘 / 似合う 어울리다］

---

❺ どこで会いましょうか？［どこ 어디 / 会う 만나다］

注 ※만나다は約束して会う場合に、キーフレーズ1の보다（ボダ）は日常的に会う場合に使います。
　　※「どこで」は、어디「どこ」に에서（エソ）「に」をつけますが、縮約して어디서（オディソ）になります。

TRACK 061

(解答)
❶ 머리가 길어요. (モリガ　キロヨ)
❷ 뭐가 맛있어요? (ムォガ　マシッソヨ)
❸ 같이 가요. (カチ　カヨ)
❹ 잘 어울려요. (チャル　オウルリョヨ)
❺ 어디서 만나요? (オディソ　マンナヨ)

손을 잡고 싶어.

ソヌル　チャプコ　シポ

手をつなぎたい。

文法　語幹 + 고 싶어　〜たい
　　　　　　　　コ　シポ

　動詞の語幹に고 싶다（キーフレーズ1）と、아/어（キーフレーズ6）、2つの活用語尾をつけて、고 싶어（コ シポ）とします。고 싶다も고 싶어も、希望を表す意味は同じです。

Iは陰母音

잡다 + 고 싶다 + 어 ➡ 잡고 싶어
チャプタ　　　コ　シプタ　　　オ　　　　チャプコ　シポ
つかむ　　　〜たい　　ヘヨ体　　　　つかみたい

キーフレーズ解説

語尾
キーフレーズ1の고 싶다はハムニダ体の非丁寧形、ここで学ぶ고 싶어はヘヨ体の非丁寧形です。고 싶다は歌詞や独り言などでよく使われ、会話では고 싶어が使われます。ヘヨ体は文末に「？」をつけると疑問文になります。

손을 잡고 싶어?　手をつなぎたい？

単語
잡다（チャプタ）は、「つかむ、握る、取る」という意味の動詞です。名詞との組み合わせによって、意訳が必要になります。

손을 잡다　ソヌル チャプタ	手をつなぐ
기회를 잡다　キフェルル チャプタ	チャンスをとらえる
범인을 잡다　ポミヌル チャプタ	犯人を捕まえる
날짜를 잡다　ナルチャルル チャプタ	日取りを決める

歌 ♥ ドラマフレーズ ● ● ● ● ● ● ● ● ● ● ● ● ●

🔊 TRACK 063

❶ 도망가다
トマンガダ
逃げる
➡ **도망가고 싶어.**
トマンガゴ　シポ
逃げたい。

❷ 취하다
チュィハダ
酔う
➡ **취하고 싶어.**
チュィハゴ　シポ
酔いたい。

❸ 울다
ウルダ
泣く
➡ **울고 싶어.**
ウルゴ　シポ
泣きたい。

❹ 고양이가 되다
コヤンイ　ガ　トェダ
ネコ　　が　　なる
➡ **고양이가 되고 싶어.**
コヤンイガ　トェゴ　シポ
ネコになりたい。

注 ※日本語では「～になる」といいますが、韓国語は가/이 되다と、日本語の「が」に相当する가/이を使います。

❺ 네 얘기를 듣다
ネ　イェギルル　トゥッタ
君の　話　を　聞く
➡ **네 얘기를 듣고 싶어.**
ネ　イェギルル　トゥッコ　シポ
君の話を聞きたい。

注 ※얘기는이야기 (イヤギ) の縮約形。

❻ 그대 맘을 믿다
クデ　マムル　ミッタ
君の　気持ちを　信じる
➡ **그대 맘을 믿고 싶어.**
クデ　マムル　ミッコ　シポ
君の気持ちを信じたい。

注 ※그대は、歌詞や詩で使います。日常会話では使いません。
　 ※맘은마음 (マウム) の縮約形。

❼ 너에게 주다
ノエゲ　チュダ
君　に　あげる
➡ **너에게 주고 싶어.**
ノエゲ　チュゴ　シポ
君にあげたい。

61

삼계탕을 먹고 싶어요.
サムゲタンウル　　モッコ　　シポヨ

参鶏湯を食べたいです。

文法　語幹 + 고 싶어요(?)　～たいです(か?)
　　　　　　　　コ　シポヨ

　キーフレーズ8の「語幹+고 싶어」に、요(ヨ)をつけると丁寧形になります。文末に「?」をつければ疑問文としても使えます。

먹다 + 고 싶어요 ➡ 먹고 싶어요
モクタ　　コ　シポヨ　　　モッコ　シポヨ
食べる　　～たいです　　　食べたいです

日常フレーズ •

　以下を韓国語で書いてみましょう。さらに音声を聞きながら声に出して読んでみましょう。

❶ 予約したいです。[予約する 예약하다]
　　　　　　　　　　　　　　　イェヤカダ

❷ 化粧品を買いたいです。[化粧品 화장품 / 買う 사다]
　　　　　　　　　　　　　　ファジャンプム　　　サダ

❸ 韓国語を習いたいです。[韓国語 한국어 / 習う 배우다]
　　　　　　　　　　　　ハングゴ　　　ペウダ

❹ 何の映画を見たいですか？ [何の映画 무슨 영화 / 見る 보다]

❺ サイズを交換したいです。[サイズ 사이즈 / 交換する 교환하다]

解答

❶ 예약하고 싶어요. (イェヤカゴ　シポヨ)

❷ 화장품을 사고 싶어요. (ファジャンプムル　サゴ　シポヨ)

❸ 한국어를 배우고 싶어요. (ハングゴルル　ペウゴ　シポヨ)

❹ 무슨 영화를 보고 싶어요? (ムスン　ヨンファルル　ポゴ　シポヨ)

❺ 사이즈를 교환하고 싶어요. (サイジュルル　キョファナゴ　シポヨ)

「映画が見たい」？　「映画を見たい」？

　「映画が見たい」と「映画を見たい」、どちらが正しいのでしょうか。「〜たい」は形容詞なので「が」が対応し、「見る」は他動詞なので「を」が対応します。つまり「映画が見たい」も「映画を見たい」も文法的には正しい文だといえます。韓国語の教科書を見ると「〜를/을 보고 싶다」と説明されていて、助詞は「を」にあたる를/을を使うことになっています。ただ、実際には영화가 보고 싶다という人もいます。日本語でも韓国語でも「〜たい」の表現で、同じように助詞に揺れが見られるというのは面白いですね。

잠이 안 와.
チャミ　ア　ヌァ

眠れない（眠りが来ない）。

文法

アン　　　　　　ア　オ
안 ＋ 語幹 ＋ 아/어　～ない

キーフレーズ6・7「語幹＋아/어」の動詞や形容詞の前に안（アン）をつけるだけで否定形になります。文末に「？」をつければ疑問文になるのも同じです。

基本形　　キーフレーズ7で学習

オダ　　　　　ワ　　　　　　アン　　　ワ　　　　　ア　ヌァ
오다　　　　　와　➡　　안 ＋ 와　➡　　안 와
来る　　　　来る　　　　　　否定　　　　　　　　来ない

キーフレーズ解説

発音

否定を表す안とそれに続く動詞・形容詞の間は分かち書きしますが、会話では続けて発音します。そのため안の後ろに、母音または ㅎ で始まる語が続くと、안のパッチムㄴが連音化します。

来ない　**안 와**　発音[아 놔]　　しない　**안 해**　発音[아 내]
　　　　（アン＋ワ）　　アヌァ　　　　　　　（アン＋ヘ）　　アネ

語順

否定の안は、動詞の直前に入れます。キーフレーズ4で紹介した「名詞＋해」を否定にする場合は、「名詞＋안＋해」という順番になります。

チョヌァヘ　　　　　　　　　　チョヌァ　ア　ネ
電話する　**전화해**　➡　電話しない　**전화 안 해**

ただし、キーフレーズ5の「名詞＋해」で形容詞になる場合は、「안＋名詞＋해」の順番です。

ヘンボケ　　　　　　　　　　　アン　ヘンボケ
幸せだ　**행복해**　➡　幸せじゃない　**안 행복해**

❶ 사랑하다
_{サランハダ}
愛する

➡ **사랑 안 해.**
_{サラン ア ネ}
愛してない。

❷ 행복하다
_{ヘンボカダ}
幸せだ

➡ **안 행복해.**
_{アン ヘンボケ}
幸せじゃない。

❸ 괜찮다
_{クェンチャンタ}
大丈夫だ

➡ **안 괜찮아.**
_{アン グェンチャナ}
大丈夫じゃない。

❹ 깨어나다
_{ッケオナダ}
目覚める

➡ **안 깨어나.**
_{アン ッケオナ}
目覚めない。

❺ 너 말고 보이다
_{ノ マルゴ ボイダ}
君 他に 見える

➡ **너 말고 안 보여.**
_{ノ マルゴ アン ボヨ}
君以外見えない。

❻ 눈물도 나다
_{ヌンムルド ナダ}
涙 も 出る

➡ **눈물도 안 나.**
_{ヌンムルド アン ナ}
涙も出ない。

❼ 너와 나는 맞다
_{ノワ ナヌン マッタ}
君 と 僕 は 合う

➡ **너와 나는 안 맞아.**
_{ノワ ナヌン アン マジャ}
君と僕は合わない。

같이 안 가요?
_{カチ アン ガヨ}

一緒に行きませんか？

文法 안 + 語幹 + 아요/어요(?)　〜しません(か?)
_{アン　　　　　　アヨ　オヨ}

　キーフレーズ9の否定形に요(ヨ)をつけると丁寧形になります。否定形の疑問文「〜ませんか?」は、勧誘表現でよく使います。

가다　가요　➡　안 + 가요　➡　안 가요
_{カダ　カヨ　　　アン　カヨ　　　アン ガヨ}
行く　行きます　　否定　行きます　　行きません

疑問文: **안 가요?**　行きませんか？

日常フレーズ •

　以下を韓国語で書いてみましょう。さらに、音声を聞きながら声に出して読んでみましょう。

❶ カバンに入りません。[カバン 가방 / 入る 들어가다]
_{カバン　　トゥロガダ}

---

❷ 天気が良くありません。　[天気 날씨 / 良い 좋다]
_{ナルシ　　チョタ}

---

❸ なぜ食べないんですか？ [なぜ 왜 / 食べる 먹다]

_____

チャレンジ！ //

キーフレーズ8で練習した希望表現「語幹＋고 싶어요」に否定の안をつけてみましょう。動詞の直前に안を入れると「～たくないです」という表現になります。

❹ 食べる **먹다**

食べたいです。

_____

食べたくないです。

_____

❺ 買う **사다**

買いたいです。

_____

買いたくないです。

_____

🔊 TRACK 069

解答
❶ 가방에 안 들어가요. (カバンエ　アン　ドゥロガヨ)
❷ 날씨가 안 좋아요. (ナルシガ　アン　ジョアヨ)
❸ 왜 안 먹어요? (ウェ　アン　モゴヨ)
❹ 먹고 싶어요. / 안 먹고 싶어요. (モッコ　シポヨ / アン　モッコ　シポヨ)
❺ 사고 싶어요. / 안 사고 싶어요. (サゴ　シポヨ / アン　サゴ　シポヨ)

더 이상 못 참아.
（ト　イサン　モッ　チャマ）

これ以上我慢できない。

文法　못 ＋ 語幹 ＋ 아 / 어　〜できない
（モッ）　　　　　　（ア）（オ）

　キーフレーズ6・7で「語幹＋아/어」を学びましたが、動詞の前に못（モッ）を
つけるだけで不可能を表すことができます。文末に「？」をつければ疑問文にな
るのも同じです。

ㅏは陽母音

못 ＋ 참다 ＋ 아 ➡ 못 참아
（モッ）　（チャムタ）　（ア）　（モッ）（チャマ）
〜できない　我慢する　ヘヨ体　　我慢できない

キーフレーズ解説

発音

못と動詞の間は分かち書きしますが、会話では続けて発音します。

信じられない	못 믿어 （モッ+ミド）	発音[몬 미더] モンミド	ㄴ, ㅁが続くと鼻音化。
できない	못 해 （モッ+ヘ）	発音[모 태] モテ	못の発音は[몯]。 ㅎが続くと激音化。
来られない	못 와 （モッ+ワ）	発音[모 돠] モドゥァ	못の発音は[몯]。 母音が続くと連音化。

※야, 여, 요, 유, 이（ヤ行とイ）で始まる語が続くと、ㄴが挿入されて鼻音化が
起きます。
　　　　　　　　　　↓ㄴ挿入
忘れられない　못 잊어　発音[몬니저]
　　　　　　（モッ+イジョ）　　モンニジョ

❶ ポギハダ
포기하다
諦める

➡ ポギ　モ　テ
포기 못 해.
諦められない。

❷ ヘオジダ
헤어지다
別れる

➡ モ　テオジョ
못 헤어져.
別れられない。

❸ ノ　オプシ　サルダ
너 없이 살다
君　なしで　生きる

➡ ノ　オプシ　モッ　サラ
너 없이 못 살아.
君なしで生きられない。

❹ タシヌン　マンナダ
다시는 만나다
再び　は　会う

➡ タシヌン　モン　マンナ
다시는 못 만나.
二度とは会えない。

❺ スムド　スィダ
숨도 쉬다
息　も　する

➡ スムド　モッ　スィオ
숨도 못 쉬어.
息もできない。

注 ※쉬다は「休む」の意味でよく使われますが、「息をする」という意味もあります。숨을 쉬다の直訳は「息を息する」になります。ここでは助詞の을「を」を도「も」に変えています。

❻ アムド　ミッタ
아무도 믿다
誰も　信じる

➡ アムド　モン　ミド
아무도 못 믿어.
誰も信じられない。

注 ※아무도「誰も」は後ろに否定が続いて全部否定を表します。

❼ ウェ　マルル　ハダ
왜 말을 하다
なぜ言葉を　する

➡ ウェ　マルル　モ　テ
왜 말을 못 해?
なぜ言えない？

당근은 못 먹어요.

タングヌン　モン　モゴヨ

ニンジンは食べられません。

文法 못 + 語幹 + 아요/어요(?)　～できません(か?)

モッ　　　　　アヨ　　オヨ

キーフレーズ10の「못+語幹+아/어」に요(ヨ)をつけると丁寧形になります。「?」をつけると不可能表現の疑問文「～できませんか?」になります。

먹다　　먹어요　➡　못 + 먹어요　➡　못 먹어요

モクタ　　モゴヨ　　　　　モッ　　モゴヨ　　　　モン　　モゴヨ

食べる　　食べます　　　不可能　食べます　　　食べられません

疑問文：못 먹어요?　食べられませんか?

モン　モゴヨ

日常フレーズ ●

以下を韓国語で書いてみましょう。さらに音声を聞きながら声に出して読んでみましょう。

❶ 歌詞が覚えられません。[歌詞 가사 / 覚える 외우다]

カサ　　　　　　　ウェウダ

（注）※외우다は「暗記する」、p.49의 기억하다(キオカダ)は「記憶する」という意味の違いがあります。

❷ 中には入れません。[中 안 / 入る 들어가다]

※日本語でも助詞を2つ重ねて使えるように、韓国語も「(場所)に」の에(エ)と「は」の는(ヌン)を重ねて使うことができます。

❸ 朝早く起きられません。[朝 아침 / 早く 일찍 / 起きる 일어나다]

---

❹ これは持っていけませんか？[これ 이것 / 持っていく 가져가다]

---

❺ 日本では買えませんか？[日本 일본 / 買う 사다]

◀)) TRACK 073

(解答)
- ❶ 가사를 못 외워요. (カサルル　モ　デェウォヨ)
- ❷ 안에는 못 들어가요. (アネヌン　モッ　トゥロガヨ)
- ❸ 아침 일찍 못 일어나요. (アチム　イルチク　モン　ニロナヨ)
- ❹ 이것은 못 가져가요? (イゴスン　モッ　カジョガヨ)
- ❺ 일본에서는 못 사요? (イルボネソヌン　モッ　サヨ)

눈을 감아 봐.

ヌヌル　　カマ　　ボァ

目を閉じてごらん。

文法　語幹 ＋ 아/어 봐　〜てごらん
ア　オ　ボァ

　キーフレーズ4, 6, 7「語幹＋아/어」の後ろに봐 (ボァ) をつけると、「〜てごらん」になります。

ㅏは陽母音

감다 ＋ 아 봐 ➡ 감아 봐
カムタ　　　ア　ボァ　　　　　カマ　ボァ
閉じる　　〜てごらん　　　閉じてごらん

キーフレーズ解説

発音

「〜てごらん」のハングルは分かち書きしますが (감아 봐)、会話では区切らずに一続きで発音されます ([감아봐])。そのため、감아 봐の봐は有声音化して (濁って) 聞こえます。

語尾

감아 봐は、감다 (カムタ)「閉じる」と보다 (ポダ)「見る」という2つの動詞がくっついた形です。キーフレーズ6と7で学んだ「語幹＋아/어」は、文末に使われると非丁寧を表しますが、このように2つの動詞をくっつける機能もあります。

閉じる ＋ みる ➡ （閉じて） ＋ （みる）

감다 ＋ 보다 ➡ （감+아） ＋ （보+아）
　　　　　　　　動詞とつなげる아↑　　文末の아↑

単語

감다は目を閉じるときに使います。韓国語では何を閉じるかで動詞を使い分けます。

ドアを閉じる (閉める)　문을 닫다
　　　　　　　　　　　　　ムヌル　タッタ

本を閉じる　책을 덮다
　　　　　　チェグル　トプタ

❶ **생각하다**
センガカダ
考える

➡ **생각해 봐.**
センガケ ボァ
考えてごらん。

❷ **가까이 오다**
カッカイ オダ
近くに 来る

➡ **가까이 와 봐.**
カッカイ ワ ボァ
近くに来てごらん。

❸ **활짝 웃다**
ファルチャク ウッタ
にっこり 笑う

➡ **활짝 웃어 봐.**
ファルチャク ウソ ボァ
にっこり笑ってごらん。

❹ **나에게 맡기다**
ナエゲ マッキダ
俺 に 任せる

➡ **나에게 맡겨 봐.**
ナエゲ マッキョ ボァ
俺に任せてごらん。

❺ **소원을 말하다**
ソウォヌル マラダ
願い を 言う

➡ **소원을 말해 봐.**
ソウォヌル マレ ボァ
願いを言ってごらん。

❻ **주문을 걸다**
チュムヌル コルダ
呪文 を かける

➡ **주문을 걸어 봐.**
チュムヌル コロ ボァ
呪文をかけてごらん。

❼ **선을 넘다**
ソヌル ノムタ
線 を 越える

➡ **선을 넘어 봐.**
ソヌル ノモ ボァ
線を越えてごらん。

73

---

^{ッタットゥタゲ}　　　^{アナ}　^{ジュォ}
따뜻하게 안아 줘.

やさしく抱いて。

文法　　^{ア　オ　ジュォ}　語幹 + 아/어 줘　〜てくれ/〜てちょうだい

　キーフレーズ11の「語幹＋아/어 봐」の봐を줘（ジュォ）に変えると、「〜てくれ」「〜てちょうだい」になります。

ㅏは陽母音

^{アンタ}　　　^ア　^{ジュォ}　　　　^{アナ}　^{ジュォ}
안다 + 아 줘 ➡ 안아 줘
抱く　　　　〜てくれ　　　抱いて（くれ）

キーフレーズ解説

語尾

キーフレーズ11と同様、안아 줘は、안다（アンタ）「抱く」と주다（チュダ）「くれる」という2つの動詞を「語幹＋아/어」でくっつけた形です。

　抱く　＋　くれる ➡ 　（抱いて）　＋　（くれる）
　안다 + 주다 ➡ （안+아） + （주+어）
　　　　　　　動詞とつなげる아↑　　文末の어↑

発音

「〜てくれ」のハングルは分かち書きしますが（안아 줘）、会話では区切らずに一続きで発音されます（[안아줘]）。そのため、안아 줘の줘は有声音化して（濁って）聞こえます。

単語

따뜻하게は、「あたたかく」という意味です。따뜻하게 안아 줘は直訳すると「あたたかく抱いて」となりますので、「やさしく抱いて」は意訳です。

❶ サルリダ
살리다
助ける
➡ サルリョ ジュォ
살려 줘.
助けて。

❷ テリョガダ
데려가다
連れていく
➡ テリョガ ジュォ
데려가 줘.
連れていって。

❸ ヨンソハダ
용서하다
許す（容赦する）
➡ ヨンソヘ ジュォ
용서해 줘.
許してくれ。

❹ ソヌル ネミルダ
손을 내밀다
手を 差し出す
➡ ソヌル ネミロ ジュォ
손을 내밀어 줘.
手を差し出して。

❺ キョテ イッタ
곁에 있다
そば に いる
➡ キョテ イッソ ジュォ
곁에 있어 줘.
そばにいて。

❻ ネ マウムル アルダ
내 마음을 알다
僕の 気持ち を わかる
➡ ネ マウムル アラ ジュォ
내 마음을 알아 줘.
僕の気持ちをわかって。

❼ ネ モクソリルル トゥルリダ
네 목소리를 들리다
君の 声 を 聞かせる
➡ ネ モクソリルル トゥルリョ ジュォ
네 목소리를 들려 줘.
君の声を聞かせて。

注 ※❻の내（ネ）は나의（ナエ）「私の」の縮約、❼の네（ネ）は너의（ノエ）「君の」の縮約です。発音だけでは区別がつかないので、네「君の」를니（ニ）と発音することがあります。

75

잠깐만 기다려 주세요.
チャムッカンマン キダリョ ジュセヨ

少々お待ちください。

文法 語幹 + 아/어 주세요 ~てください
ア オ ジュセヨ

　キーフレーズ12「語幹＋아/어 줘」の줘（ジュォ）を주세요（ジュセヨ）にすると、「〜てください」とお願いする場面で使える表現になります。

ㅣは陰母音

기다리다 + 어 주세요 ➡ 기다려 주세요
キダリダ　　　オ　ジュセヨ　　　　キダリョ　ジュセヨ
待つ　　　　　〜てください　　　　　待ってください

日常フレーズ •

　以下を韓国語で書いてみましょう。さらに音声を聞きながら声に出して読んでみましょう。

❶ サインしてください。[サインする 사인하다]
サイナダ

❷ 名前を書いてください。[名前 이름 / 書く 적다]
イルム　　チョクタ

❸ 安くしてください。[安く 싸게 / する 하다]
ッサゲ　ハダ

❹ きれいに包んでください。[きれいに 예쁘게（イェップゲ） / 包む（包装する） 포장하다（ポジャンハダ）]

TRACK 079

（解答）
❶ 사인해 주세요. （サイネ　ジュセヨ）
❷ 이름을 적어 주세요. （イルムル　チョゴ　ジュセヨ）
❸ 싸게 해 주세요. （ッサゲ　ヘ　ジュセヨ）
❹ 예쁘게 포장해 주세요. （イェップゲ　ポジャンヘ　ジュセヨ）

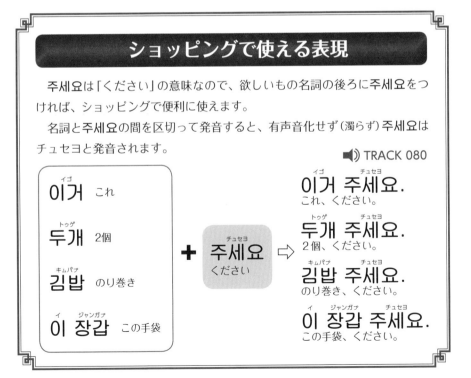

ショッピングで使える表現

　주세요は「ください」の意味なので、欲しいもの名詞の後ろに주세요をつければ、ショッピングで便利に使えます。

　名詞と주세요の間を区切って発音すると、有声音化せず（濁らず）주세요はチュセヨと発音されます。

🔊 TRACK 080

이거（イゴ）　これ

두개（トゥゲ）　2個

김밥（キムパブ）　のり巻き

이 장갑（イ　ジャンガブ）　この手袋

＋

주세요（チュセヨ）
ください

⇨

이거 주세요.（イゴ　チュセヨ）
これ、ください。

두개 주세요.（トゥゲ　チュセヨ）
2個、ください。

김밥 주세요.（キムパブ　チュセヨ）
のり巻き、ください。

이 장갑 주세요.（イ　ジャンガブ　チュセヨ）
この手袋、ください。

노력 중이야.
（ノリョク　チュンイヤ）

努力中だ。

文法　名詞 ＋ 야/이야　〜だ/〜だよ
（ヤ　イヤ）

「問題だ」「君だよ」のように名詞に「だ」をつけた名詞文です。名詞が母音で終わっていたら（パッチムなし）야（ヤ）をつけ、名詞が子音で終わっていたら（パッチムあり）이야（イヤ）をつけます。

パッチムなし▶ 문제 ＋ 야 ➡ 문제야
（ムンジェ）　（ヤ）　（ムンジェヤ）
　問題　　〜だ　　問題だ

パッチムあり▶ 노력 중 ＋ 이야 ➡ 노력 중이야
（ノリョク チュン）　（イヤ）　（ノリョク チュンイヤ）
　努力　中　　〜だ　　　努力中だ

キーフレーズ解説

語尾

「名詞＋야/이야」は名詞文（名詞＋だ）の非丁寧形のヘヨ体です。ハムニダ体と比べてみましょう。

日本語	ハムニダ体	ヘヨ体
努力中だ	노력 중이다 （ノリョク チュンイダ）	노력 중이야 （ノリョク チュンイヤ）
問題だ	문제(이)다※ （ムンジェ(イ)ダ）	문제야 （ムンジェヤ）

※パッチムのない名詞の場合、語幹の이が省略されることが多いです。

単語

노력 중の중は漢字で「中」と書いて、「〜の最中」「〜しているところ」という意味です。食事中なら식사 중（シクサ　ジュン）、外出中なら외출 중（ウェチュル　チュン）というように、便利に使えます。

歌♥ドラマフレーズ ● ● ● ● ● ● ● ● ● ● ● ●

❶ 처음
初めて

➡ ^{チョウミヤ} 처음이야.
初めてだ。

❷ 너 뿐
君 だけ

➡ 너 뿐이야.
君だけだ。

❸ 마지막 밤
最後 夜

➡ 마지막 밤이야.
最後の夜だ。

❹ 고민 중
悩み 中

➡ 고민 중이야.
悩み中だ(悩んでいるところだ)。

❺ 그것이 문제
それ が 問題

➡ 그것이 문제야.
それが問題だ。

❻ 내 우주는 전부 너
俺の 宇宙 は 全部 君

➡ 내 우주는 전부 너야.
俺の宇宙はすべて君だ。

注 ※助詞の「の」는 의(エ)なので、「俺の」は나의(ナエ)ですが、縮約して내(ネ)となります。

❼ 너는 내 운명
君 は 僕の 運命

➡ 너는 내 운명이야.
君は僕の運命だ。

TRACK 083

오래간만이에요.
オレガンマニエヨ

お久しぶりです。

 文法 名詞 + 예요/이에요 ～です
　　　　　　　エヨ　　イエヨ

　キーフレーズ13の야/이야を예요（エヨ）/이에요（イエヨ）に変えると、「～です」と丁寧形になります。文末に「？」をつければ疑問文になります。

[パッチムなし]▶ 주부 + 예요 ➡ 주부예요
　　　　　　　 チュブ　　エヨ　　　チュブエヨ
　　　　　　　 主婦　　～です　　主婦です

[パッチムあり]▶ 오래간만 + 이에요
　　　　　　　　 オレガンマン　　イエヨ
　　　　　　　　 久しぶり　　　～です

➡ 오래간만이에요　お久しぶりです
　 オレガンマニエヨ

※예は本来「イェ」と読みますが、예요は例外的に「エヨ」と読みます。

日常フレーズ ● ● ● ● ● ● ● ● ● ● ● ● ● ● ● ● ●

　以下を韓国語で書いてみましょう。さらに、音声を聞きながら声に出して読んでみましょう。

❶ 日本人です。[日本人 일본 사람]
　　　　　　　　　　イルボン　サラム

❷ 考え中です。 [考え中 생각 중]
<small>センガク チュン</small>

❸ 韓国は初めてです。 [韓国 한국 / 初めて 처음]
<small>ハングク チョウム</small>

❹ 趣味は料理です。 [趣味 취미 / 料理 요리]
<small>チュィミ ヨリ</small>

❺ 名前は何ですか？[名前 이름 / 何 뭐]
<small>イルム ムォ</small>

🗣 ※日本語では「名前は何ですか？」と助詞「は」を使いますが、韓国語では日本語の「が」にあたる가/이を使います。

─(解答)─

❶ 일본 사람이에요. (イルボン サラミエヨ)
❷ 생각 중이에요. (センガク チュンイエヨ)
❸ 한국은 처음이에요. (ハンググン チョウミエヨ)
❹ 취미는 요리예요. (チュィミヌン ヨリエヨ)
❺ 이름이 뭐예요? (イルミ ムォエヨ)

진심이 아니야.
チンシミ　アニヤ

本心じゃない。

 文法　名詞 + 가/이 아니야　〜じゃない
　　　　　　　　　　ガ　イ　アニヤ

「本心だ」という名詞文の否定形は「本心ではない（本心じゃない）」です。韓国語では、日本語の「では（じゃ）」が助詞の가(ガ)/이(イ)に、「ない」が아니야(アニヤ)に相当します。

パッチムなし

가짜 ＋ 가 아니야 ➡ 가짜가 아니야
カッチャ　　ガ　アニヤ　　　カッチャガ　　アニヤ
偽物　　　　〜じゃない　　　　偽物じゃない

パッチムあり

진심 ＋ 이 아니야 ➡ 진심이 아니야
チンシム　　イ　アニヤ　　　チンシミ　　アニヤ
本心　　　　〜じゃない　　　　本心じゃない

キーフレーズ解説

単語

「（Aでもないし、）Bでもない」という場合、助詞は가/이ではなく、日本語の「も」に当たる도(ト)を使います。

(진짜도 아니고) 가짜도 아니야.
　チンッチャド　アニゴ　カッチャド　アニヤ

(本物でもないし)、偽物でもない。

「Aではない、Bだ」という場合、助詞は가/이ではなく、日本語の「は」に当たる는/은を使います。

가짜는 아니야, 진짜야.
カッチャヌン　アニヤ　チンッチャヤ

偽物ではない、本物だよ。

 歌 ♥ ドラマフレーズ

❶ 바보
バカ

➡ **바보가 아니야.**
バカじゃない。

❷ 우연
偶然

➡ **우연이 아니야.**
偶然じゃない。

❸ 거짓말
嘘

➡ **거짓말이 아니야.**
嘘じゃない。

❹ 네 탓
君のせい

➡ **네 탓이 아니야.**
君のせいじゃない。

❺ 넌 혼자
君は 一人

➡ **넌 혼자가 아니야.**
君は一人じゃない。

注 ※넌は너는（ノ ヌン）「君は」の縮約形。

❻ 이별이 끝
別れ が 終わり

➡ **이별이 끝이 아니야.**
別れが終わりじゃない。

❼ 아무튼 걔
とにかく そいつ

➡ **아무튼 걔는 아니야.**
とにかくそいつじゃない。

注 ※걔はユ 아이（ク アイ）「その子」の縮約形。
　 ※「そいつではない（他の誰かだ）」という含みがあります。

제 취향이 아니에요.
(チェ チュィヒャンイ アニエヨ)

私の好みじゃありません。

文法 名詞 + 가/이 아니에요 ではありません
(ガ イ)(アニエヨ)

　キーフレーズ14의아니야（アニャ）を아니에요（アニエヨ）に変えると、「～では
ありません」と丁寧形になります。文末に「？」をつければ疑問文になります。

제 취향 + 이 아니에요
(チェ チュィヒャン)(イ)(アニエヨ)
　私の好み　　　　　　～じゃありません

➡ 제 취향이 아니에요　私の好みじゃありません
(チェ チュィヒャンイ)(アニエヨ)

日常フレーズ •

　以下を韓国語で書いてみましょう。さらに、音声を聞きながら声に出して読ん
でみましょう。

❶ 学生じゃありません。［学生 학생］
　　　　　　　　　　　　　　　(ハクセン)

---

❷ カレシじゃありません。［カレシ 남친］
　　　　　　　　　　　　　　　　(ナムチン)

注 ※남친は남자 친구（ナムジャチング）「ボーイフレンド」の縮約形です。

❸ 韓国は初めてじゃありません。 [韓国 한국^{ハングク} / 初めて 처음^{チョウム}]

❹ 大したことじゃありません。 [大したこと 별일^{ピョルリル} (発音は [별릴])]

❺ これは別れの歌じゃないですか？ [これ 이것^{イゴッ} / 別れの歌 이별^{イビョル} 노래^{ノレ}]

🔊 TRACK 088

解答

❶ 학생이 아니에요. (ハクセンイ　アニエヨ)
❷ 남친이 아니에요. (ナムチニ　アニエヨ)
❸ 한국은 처음이 아니에요. (ハンググン　チョウミ　アニエヨ)
❹ 별일이 아니에요. (ピョルリリ　アニエヨ)
❺ 이것은 이별 노래가 아니에요? (イゴスン　イビョル　ノレガ　アニエヨ)

よく使われる縮約形

　よく使われる縮約形をまとめてみました。助詞がついて形が変わるものも一緒に確認してみましょう。

僕・私 나(ナ)	私の 나의(ナエ)を略して내(ネ)
	私が 나가(ナガ)と言わず내가(ネガ)
君 너(ノ)	君の 너의(ノエ)を略して네(ネ)
	君が 너가(ノガ)と言わず네가(ネガ)
	＊니가(ニガ)も使う。
私 저(チョ)	私の 저의(チョエ)を略して제(チェ)
	私が 저가(チョガ)と言わず제가(チェガ)
これ 이것(イゴッ)	これが 이것이(イゴシ)を略して이게(イゲ)
それ 그것(クゴッ)	それが 그것이(クゴシ)を略して그게(クゲ)

많이 고민했어.

マニ　コミネッソ

すごく悩んだ。

文法　名詞 ＋ 했어　～した/～だった
ヘッソ

「名詞＋해」(キーフレーズ4・5)の過去形です。動作を表す名詞に해(ヘ)がつくと「～する」という動詞に、状態を表す名詞に해がつくと「～だ」という形容詞になりました。해を했어(ヘッソ)に変えると、過去形になります。

動詞 고민 ＋ 했어 ➡ 고민했어
コミン　　ヘッソ　　　　コミネッソ
悩み　　～した　　　　悩んだ

形容詞 우울 ＋ 했어 ➡ 우울했어
ウウル　　ヘッソ　　　　ウウレッソ
憂鬱　　～だった　　　憂鬱だった

色々な形容詞

状態を表す形容詞の中には、同じ音を重ねたものが多くあります。音のイメージで意味が想像できるでしょうか。(活用形ではなく하다の形で紹介します。)

깜깜하다　真っ暗だ
ッカムカマダ

심심하다　退屈だ
シムシマダ

넉넉하다　裕福だ
ノンノカダ

떨떨하다　不格好だ
ットルトラダ

빡빡하다　窮屈だ
ッパクッパカダ

섭섭하다　心残りだ
ソプソパダ

歌♥ドラマフレーズ

❶ 새로 시작
^{セロ} ^{シジャク}
新しく 始まり
➡ 새로 시작했어.
^{セロ} ^{シジャケッソ}
新しく始めた。

❷ 밤마다 기도
^{パムマダ} ^{キド}
夜 ごと 祈り
➡ 밤마다 기도했어.
^{パムマダ} ^{キドヘッソ}
夜ごと祈った。

❸ 몇 번 다짐
^{ミョッ} ^{ポン} ^{タジム}
何度も 確認
➡ 몇 번 다짐했어.
^{ミョッ} ^{ポン} ^{タジメッソ}
何度も確かめた。

❹ 영원한 사랑을 기대
^{ヨンウォナン} ^{サランウル} ^{キデ}
永遠の 愛 を 期待

➡ 영원한 사랑을 기대했어.
^{ヨンウォナン} ^{サランウル} ^{キデヘッソ}
永遠の愛を期待した。

❺ 우울
^{ウウル}
憂鬱
➡ 우울했어.
^{ウウレッソ}
憂鬱だった。

❻ 눈앞이 깜깜
^{ヌナピ} ^{ッカムカム}
目の前 が 真っ暗
➡ 눈앞이 깜깜했어.
^{ヌナピ} ^{ッカムカメッソ}
目の前が真っ暗だった。

❼ 그냥 심심
^{クニャン} ^{シムシム}
ただ 退屈
➡ 그냥 심심했어.
^{クニャン} ^{シムシメッソ}
ただ退屈だった。

우리 결혼했어요.
ウリ　キョロネッソヨ

私たち、結婚しました。

文法 名詞 + 했어요（ヘッソヨ）　〜しました/〜でした

キーフレーズ15「名詞＋했어」の、했어（ヘッソ）を했어요（ヘッソヨ）にすると
丁寧形になります。「？」をつけると疑問文になりますので、いろいろな疑問詞
もいっしょに覚えましょう。

動詞 ▶ 결혼 + 했어요 ➡ 결혼했어요
キョロン　　ヘッソヨ　　　キョロネッソヨ
結婚　　　〜しました　　結婚しました

形容詞 ▶ 조용 + 했어요 ➡ 조용했어요
チョヨン　　ヘッソヨ　　　チョヨンヘッソヨ
静か　　　〜でした　　静かでした

日常フレーズ ● ● ● ● ● ● ● ● ● ● ● ● ● ● ● ●

以下を韓国語で書いてみましょう。さらに音声を聞きながら声に出して読んで
みましょう。

❶ いつ到着しましたか？［いつ 언제 / 到着 도착］
　　　　　　　　　　　　　　オンジェ　　　　　トチャク

---

❷ どこで食事しましたか？［どこ 어디 / 食事 식사］

注 ※「どこで」は어디에서（オディエソ）ですが、多くの場合、縮約されて어디서（オディソ）となります。

❸ 誰に連絡しましたか？［誰 누구 / 連絡 연락（発音は［열락］）］

---

❹ 昨日、何しましたか？［昨日 어제 / 何 뭐］

---

❺ ファンミーティングで握手しました。［ファンミーティング 팬미팅 / 握手 악수］

◀)) TRACK 092

解答

❶ 언제 도착했어요?（オンジェ　トチャケッソヨ）
❷ 어디서 식사했어요?（オディソ　シクサヘッソヨ）
❸ 누구에게 연락했어요?（ヌグエゲ　ヨルラケッソヨ）
❹ 어제 뭐했어요?（オジェ　ムォヘッソヨ）
❺ 팬미팅에서 악수했어요.（ペンミティンエソ　アクスヘッソヨ）

이제 다 잊었어.

<small>イジェ　タ　イジョッソ</small>

もうすべて忘れた。

 文法　語幹 ＋ 았어/었어　〜た

<small>アッソ　オッソ</small>

　陽母音語幹には았어（アッソ）、陰母音語幹には었어（オッソ）をつけて、過去・非丁寧形を表します。動詞も形容詞も活用の仕方は同じです。

陽母音語幹 ▶ 많다 ＋ 았어 ➡ 많았어
<small>　　　　　マンタ　　　アッソ　　　マナッソ</small>
　　　　　多い　　　　〜た　　　　多かった

陰母音語幹 ▶ 잊다 ＋ 었어 ➡ 잊었어
<small>　　　　　イッタ　　　オッソ　　　イジョッソ</small>
　　　　　忘れる　　　〜た　　　　忘れた

キーフレーズ解説

発音 現在・非丁寧（キーフレーズ6）でマスターした発音の後ろに「ッソ」をつけるだけで過去形になります。

忘れる 잊어<small>イジョ</small>　忘れた 잊었어<small>イジョッソ</small>

多い 많아<small>マナ</small>　多かった 많았어<small>マナッソ</small>

単語 다は「すべて、全部」という意味の副詞ですが、「다＋過去形」で「〜し終わった」などに意訳するとぴったりする場合があります。

먹다<small>モクタ</small> 食べる　다 먹었어<small>タ モゴッソ</small> 全部食べた（＝食べ終わった）

준비하다<small>チュンビハダ</small> 準備する　준비 다 했어<small>チュンビ タ ヘッソ</small> 準備すべてした
　　　　　　　　　　　　　　　　　　　　　　　（＝準備し終わった）

오다<small>オダ</small> 来る　다 왔어<small>タ ワッソ</small> 全部来た（＝着いた）

♪歌♥ドラマフレーズ・・・・・・・・・・ 🔊 TRACK 094

❶ 잠들다
眠りにつく

➡ **잠들었어.**
眠りについた。

❷ 꿈만 쫓다
夢ばかり追いかける

➡ **꿈만 쫓았어.**
夢ばかり追いかけた。

❸ 추억을 묻다
追憶 を 埋める

➡ **추억을 묻었어.**
思い出を葬った。

❹ 길을 잃다
道 を 失う

➡ **길을 잃었어.**
迷子になった(道を失った)。

❺ 너 때문에 힘들다
君 のせいで つらい

➡ **너 때문에 힘들었어.**
君のせいでつらかった。

❻ 고생이 많다
苦労 が 多い

➡ **고생이 많았어.**
苦労が多かった。

❼ 아직 멀다
まだ 遠い

➡ **아직 멀었어.**
まだまだだ(まだ遠かった)。

너를 놓쳤어.
ノルル　ノチョッソ

君を失った。

 文法　語幹 ＋ 았어/었어　〜た
アッソ　オッソ

　動詞や形容詞の過去・非丁寧形は、陽母音語幹には았어（アッソ）、陰母音語幹には었어（オッソ）をつけますが、現在・非丁寧形（キーフレーズ7）と同様、語幹が母音で終わっている場合（パッチムがない場合）、아/어が語幹とくっついてしまいます。

| は陰母音

놓치다　＋　었어　➡　놓쳤어
ノチダ　　　　オッソ　　　　ノチョッソ
失う　　　　〜た　　　　　失った

キーフレーズ解説

単語

キーフレーズの놓치다も、「道を失くす（道に迷う）」（前ページ）の잃다も「失くす」ですが、놓치다は「取り逃がす、逸する」、잃다は「紛失する、亡くす」というニュアンスで使われます。

意味

いくつかの動詞は、았어/었어がついて、形容詞のように使われます。

顔が整う	잘생기다 (チャルセンギダ)	➡ 잘생겼어 (チャルセンギョッソ)	顔が整った（＝ハンサムだ）
優れる	잘나다 (チャルラダ)	➡ 잘났어 (チャルラッソ)	優れた（＝優秀だ）
似る	닮다 (タムタ)	➡ 닮았어 (タルマッソ)	似た（＝そっくりだ）

---

❶ <ruby>사라지다<rt>サラジダ</rt></ruby>
消える
➡ <ruby>사라졌어<rt>サラジョッソ</rt></ruby>.
消えた。

❷ <ruby>입술을<rt>イプスルル</rt></ruby> <ruby>맞추다<rt>マッチュダ</rt></ruby>
唇 を 合わせる
➡ <ruby>입술을<rt>イプスルル</rt></ruby> <ruby>맞췄어<rt>マッチョッソ</rt></ruby>.
唇を合わせた。

❸ <ruby>오래<rt>オレ</rt></ruby> <ruby>기다리다<rt>キダリダ</rt></ruby>
長く 待つ
➡ <ruby>오래<rt>オレ</rt></ruby> <ruby>기다렸어<rt>キダリョッソ</rt></ruby>.
長く待った。

❹ <ruby>완벽히<rt>ワンビョキ</rt></ruby> <ruby>속이다<rt>ソギダ</rt></ruby>
完全に だます
➡ <ruby>완벽히<rt>ワンビョキ</rt></ruby> <ruby>속였어<rt>ソギョッソ</rt></ruby>.
完全にだました。

❺ <ruby>네<rt>ネ</rt></ruby> <ruby>향기를<rt>ヒャンギルル</rt></ruby> <ruby>지우다<rt>チウダ</rt></ruby>
君の 香り を 消す
➡ <ruby>네<rt>ネ</rt></ruby> <ruby>향기를<rt>ヒャンギルル</rt></ruby> <ruby>지웠어<rt>チウォッソ</rt></ruby>.
君の香りを消した。

❻ <ruby>말없이<rt>マロプシ</rt></ruby> <ruby>바라보다<rt>パラボダ</rt></ruby>
言葉なく 見つめる
➡ <ruby>말없이<rt>マロプシ</rt></ruby> <ruby>바라봤어<rt>パラボァッソ</rt></ruby>.
黙って見つめた。

❼ <ruby>잘나다<rt>チャルラダ</rt></ruby> <ruby>정말<rt>チョンマル</rt></ruby>
優れる 本当に
➡ <ruby>잘났어<rt>チャルラッソ</rt></ruby>, <ruby>정말<rt>チョンマル</rt></ruby>.
優秀だ、本当に。
→まったく大したもんだ(嫌味)。

93

밥 먹었어요?
パプ　　モゴッソヨ

ご飯食べましたか？

文法　語幹 + 았어요/었어요　～しました/～でした
　　　　　　　　　アッソヨ　オッソヨ

　キーフレーズ16・17の「語幹＋았어/었어」に、요(ヨ)をつけると丁寧形になります。形容詞も同じように活用し、「～でした」と過去の状態を表します。

먹다 + 었어요 ➡ 먹었어요
モクタ　　　オッソヨ　　　　モゴッソヨ
食べる　　～ました　　　　食べました

※밥 먹었어요?と分かち書きしますが、ひと息に読むと「パムモゴッソヨ」と鼻音化します。

※実際に食事をしたのかどうかを聞く場合もありますが、「こんにちは」のあいさつ代わりに交わされることが多いです。

日常フレーズ ● ● ● ● ● ● ● ● ● ● ● ● ●

　以下を韓国語で書いてみましょう。さらに、音声を聞きながら声に出して読んでみましょう。

❶ 元気に過ごしましたか？（元気でしたか？）　[元気に 잘 / 過ごす 지내다]
　　　　　　　　　　　　　　　　　　　　　　チャル　　　　　チネダ

❷ 韓国に行ってきました。［韓国 한국 / 行ってくる 다녀오다］
_{ハングク}　　　　　　　　　　　　　　　　　　　　_{タニョオダ}

チャレンジ！ ///

否定（キーフレーズ9）や不可能（キーフレーズ10）を過去形にしてみましょう。

❸ 大丈夫だ　**괜찮다**
　　　　　　　_{クェンチャンタ}

大丈夫じゃありません。

　　　　　　　　　　　＿＿＿＿＿＿＿＿＿＿＿＿＿＿＿

大丈夫じゃありませんでした。

　　　　　　　　　　　＿＿＿＿＿＿＿＿＿＿＿＿＿＿＿

❹ 我慢する　**참다**
　　　　　　　_{チャムタ}

我慢できません。

　　　　　　　　　　＿＿＿＿＿＿＿＿＿＿＿＿＿＿＿＿

我慢できませんでした。

　　　　　　　　　　＿＿＿＿＿＿＿＿＿＿＿＿＿＿＿＿

🔊 TRACK 098

解答

❶ 잘 지냈어요? (チャル　チネッソヨ)

❷ 한국에 다녀왔어요. (ハングゲ　タニョワッソヨ)

❸ 안 괜찮아요. / 안 괜찮았어요. (アン　グェンチャナヨ / アン　グェンチャナッソヨ)

❹ 못 참아요. / 못 참았어요. (モッ　チャマヨ / モッ　チャマッソヨ)

95

다 거짓말이었어.

全部嘘だった。

文法 名詞 + 였어/이었어　〜だった

名詞文の過去形です。名詞が母音で終わっていたら（パッチムなし）였어（ヨッソ）をつけ、名詞が子音で終わっていたら（パッチムあり）이었어（イオッソ）をつけます。

パッチムなし → 전부（全部）＋ 였어（〜だった）➡ 전부였어（全部だった）

パッチムあり → 거짓말（嘘）＋ 이었어（〜だった）➡ 거짓말이었어（嘘だった）

キーフレーズ解説

語尾

過去形は、動詞にも形容詞にも語幹に았어/었어をつけました。名詞文も実は動詞・形容詞と活用は同じです。「嘘だった」は「嘘だ」の過去形です。活用を詳しく見てみましょう。

↓これが語尾

거짓말이다（嘘だ）　거짓말이（語幹（ㅣは陰母音））＋ 었어（オッソ）➡ 거짓말이었어（嘘だった）

名詞にパッチムがない場合、連音化する必要がないため母音がくっつきます。

전부이다（全部だ）　전부이었어（全部だった）➡ 전부였어（全部だった）

※名詞にパッチムがない場合、전부이다の語幹이も省略されて、전부다になります。

 歌♥ドラマフレーズ

❶ 좋은 날
チョウン ナル
良い 日

➡ **좋은 날이었어.**
チョウン ナリオッソ
良い日だった。

❷ 내 잘못
ネ チャルモッ
僕の ミス

➡ **내 잘못이었어.**
ネ チャルモシオッソ
僕のミスだった。

注 ※내は나의 (ナエ)「私の」の縮約形。

❸ 넌 감동
ノン カムドン
君は 感動

➡ **넌 감동이었어.**
ノン カムドンイオッソ
君は感動だった。

注 ※넌は너는 (ノヌン)「君は」の縮約形。

❹ 나만의 꿈
ナマネ ックム
僕 だけの 夢

➡ **나만의 꿈이었어.**
ナマネ ックミオッソ
僕だけの夢だった。

❺ 그게 비밀
クゲ ピミル
それが 秘密

➡ **그게 비밀이었어?**
クゲ ピミリオッソ
それ、秘密だったの？

注 ※그게は그것이 (クゴシ)「それが」の縮約形。

❻ 넌 내게 전부
ノン ネゲ チョンブ
君は 僕にとって 全部

➡ **넌 내게 전부였어.**
ノン ネゲ チョンブヨッソ
君は僕にとって全てだった。

❼ 그게 너
クゲ ノ
それが 君

➡ **그게 너였어.**
クゲ ノヨッソ
それが君だった。

여름 방학이었어요.
(ヨルム) (パンハギオッソヨ)

夏休みでした。

文法 名詞 + 였어요/이었어요　～でした
　　　　　　　　　 (ヨッソヨ)　(イオッソヨ)

　キーフレーズ18「名詞＋였어/이었어」に요（ヨ）をつけると、「～でした」と丁寧形になります。文末に「？」をつければ疑問文になります。

パッチムなし

휴가 ＋ 였어요 ➡ 휴가였어요
(ヒュガ)　　(ヨッソヨ)　　(ヒュガヨッソヨ)
休暇　　　　～でした　　　休暇でした

パッチムあり

방학 ＋ 이었어요 ➡ 방학이었어요
(パンハク)　(イオッソヨ)　　(パンハギオッソヨ)
休み　　　　～でした　　　休みでした

※방학は漢字で「放学」と書き、学校の長期の休みのことをいいます。会社などの休みは휴가（休暇）といいます。

日常フレーズ ●

　以下を韓国語で書いてみましょう。さらに音声を聞きながら声に出して読んでみましょう。

❶ 夢は学校の先生でした。[夢 꿈 / 学校の先生 학교 선생님]
　　　　　　　　　　　　　　（ックム）　　　（ハクギョ ソンセンニム）

---

❷ 専攻は何でしたか？［専攻 전공 / 何 뭐］

注 ※日本語では「専攻は」と助詞「は」を使いますが、韓国語では日本語の「が」にあたる
가/이を使います。

❸ 主人公が犯人でした。［主人公 주인공 / 犯人 범인］

---

❹ 誰が死神でしたか？［誰が 누가 / 死神 저승사자］

注 ※疑問詞「誰」は누구（ヌグ）ですが、「誰が」のときは누가（ヌガ）になります。

❺ 私には初恋でした。［私 저 / 初恋 첫사랑］

注 ※日本語でも助詞を2つ重ねて使えるように、韓国語も「（人）に」の에게（エゲ）と「は」
の는（ヌン）を重ねて使うことができます。

🔊 TRACK 102

（解答）

❶ 꿈은 학교 선생님이었어요.（ックムン　ハクキョ　ソンセンニミオッソヨ）
❷ 전공이 뭐였어요?（チョンゴンイ　ムォヨッソヨ）
❸ 주인공이 범인이었어요.（チュインゴンイ　ポミニオッソヨ）
❹ 누가 저승사자였어요?（ヌガ　チョスンサジャヨッソヨ）
❺ 저에게는 첫사랑이었어요.（チョエゲヌン　チョッサランイオッソヨ）

늦어서 미안해.
（ヌジョソ　ミアネ）

遅れてごめん。

 文法　語幹 + 아서/어서　〜て
（アソ　オソ）

　陽母音語幹に아서（アソ）、陰母音語幹には어서（オソ）をつけて、後ろの文へとつなぎます。日本語の「〜て」にあたります。

　하다（ハダ）「〜する」の語幹하は해서（ヘソ）になります。

陽母音語幹 ▶ 같다（カッタ）同じだ + 아서（アソ）〜て ➡ 같아서（カタソ）同じで

陰母音語幹 ▶ 늦다（ヌッタ）遅れる + 어서（オソ）〜て ➡ 늦어서（ヌジョソ）遅れて

キーフレーズ解説

語尾

　日本語の「〜て」にも多くの意味があるように、아서/어서でつながる文の前半部分と後半部分の関係も「理由」「状態」「前提条件」などいろいろあります。ここでは前半部分を「理由」、後半部分を「ごめん」と「ありがとう」に限定します。

　また、前半部分に不可能（キーフレーズ10）、「〜てくれ」（キーフレーズ12）などを使うこともできます。

참다（チャムタ）我慢する　못 참다（モッ チャムタ）我慢できない + 아서（アソ）〜て ➡ 못 참아서（モッ チャマソ）我慢できなくて

안다（アンタ）抱く　안아 주다（アナ ジュダ）抱いてくれる + 어서（オソ）〜て ➡ 안아 줘서（アナ ジュオソ）抱いてくれて

 歌 ♥ ドラマフレーズ ●●●●●●●●

◀)) TRACK 104

❶ 질투하다 (チルトゥハダ) ➡ 질투해서 미안해. (チルトゥヘソ) (ミアネ)

嫉妬する

嫉妬してごめん。

注 ※미안해は미안하다(ミアナダ)の活用形です。

❷ 바보 (パボ) 같다 (カッタ) ➡ 바보 (パボ) 같아서 (カタソ) 미안해. (ミアネ)

バカ　同じだ

バカみたいでごめん。

❸ 못 (モッ) 참다 (チャムタ) ➡ 못 (モッ) 참아서 (チャマソ) 미안해. (ミアネ)

できない　我慢する

我慢できなくてごめん。

❹ 말을 (マルル) 못 (モ) 하다 (タダ) ➡ 말을 (マルル) 못 (モ) 해서 (テソ) 미안해. (ミアネ)

ことば を できない する

言えなくてごめん。

❺ 사랑해 (サランヘ) 주다 (ジュダ) ➡ 사랑해 (サランヘ) 줘서 (ジョォソ) 고마워. (コマウォ)

愛する　〜てくれる

愛してくれてありがとう。

注 ※고마워は고맙다(コマプタ)の活用形です(⇒p.146 変則活用)。

❻ 살려 (サルリョ) 주다 (ジュダ) ➡ 살려 (サルリョ) 줘서 (ジュオソ) 고마워. (コマウォ)

助ける　〜てくれる

助けてくれてありがとう。

울어도 돼.
(ウロド) (ドェ)

泣いてもいいよ。

 語幹 + 아도/어도 ～ても
(アド)(オド)

　陽母音語幹に아도(アド)、陰母音語幹には어도(オド)をつけて、後ろの文へとつなぎます。日本語の「～ても」にあたります。

　하다(ハダ)「する」の語幹하は해도(ヘド)になります

陽母音語幹 ▶ 잡다 ＋ 아도 ➡ 잡아도
(チャプタ)　　(アド)　　(チャバド)
つかむ　　　～ても　　　つかんでも

陰母音語幹 ▶ 울다 ＋ 어도 ➡ 울어도
(ウルダ)　　(オド)　　(ウロド)
泣く　　　　～ても　　　泣いても

キーフレーズ解説

語尾

後ろに되다(トェダ)「成る、OKだ」の活用形돼をつけると、「～てもいい」と許可を表し、疑問形にすると「～てもいい？」と許可を求める表現になります。

울어도 돼　　泣いてもいいよ(許可)
(ウロド)(ドェ)

울어도 돼?　泣いてもいい？(許可を求める)
(ウロド)(ドェ)

発音

「～てもいい」のハングルは分かち書きしますが(울어도 돼)、会話では区切らずに一続きで発音されます([울어도돼])。そのため、울어도 돼の돼は有声音化して(濁って)聞こえます。

♪ 歌♥ドラマフレーズ ●●●●●●●●●●●●●●●

❶ キス하다
_{キスハダ}
キスする
➡ キス해도 돼?
_{キスヘド　　ドェ}
キスしてもいい？

❷ 손을 잡다
_{ソヌル　チャプタ}
手 を つなぐ
➡ 손을 잡아도 돼?
_{ソヌル　チャバド　ドェ}
手をつないでもいい？

❸ 나를 미워하다
_{ナルル　ミウォハダ}
僕 を　　憎む
➡ 나를 미워해도 돼.
_{ナルル　ミウォヘド　ドェ}
僕を憎んでもいい。

❹ 멀리 떠나다
_{モルリ　ットナダ}
遠く　　離れる
➡ 멀리 떠나도 돼.
_{モルリ　ットナド　ドェ}
遠く離れてもいい。

❺ 사랑 안 해 주다
_{サラン　ア　ネ　ジュダ}
愛　ない する ～てくれる
➡ 사랑 안 해 줘도 돼.
_{サラン　ア　ネ　ジュォド　ドェ}
愛してくれなくてもいい。

❻ 못 만나다
_{モン　マンナダ}
できない 会う
➡ 못 만나도 돼.
_{モン　マンナド　ドェ}
会えなくてもいい。

ヨギソ　　　サジン　　　ッチゴド　　ドェヨ
여기서 사진 찍어도 돼요?

ここで写真撮ってもいいですか？

文法　動詞 ＋ 아도/어도 돼요?　〜てもいいですか？
アド　オド　ドェヨ

「語幹＋아도/어도」（〜ても）の後ろにつける돼を、돼요（ドェヨ）に変えて疑問文にすると、「〜てもいいですか？」と許可を求める表現になります。

Ⅰは陰母音

ッチクタ　　　　　オド　　ドェヨ　　　　　　ッチゴド　　　　　ドェヨ
찍다 ＋ 어도 돼요? ➡ 찍어도 돼요?

撮る　　　　〜てもいいですか　　　　　　撮ってもいいですか？

日常フレーズ ● ● ● ● ● ● ● ● ● ● ● ● ● ● ● ● ● ●

以下を韓国語で書いてみましょう。さらに、音声を聞きながら声に出して読んでみましょう。

❶ 先に食べてもいいですか？ [先に 먼저 / 食べる 먹다]
モンジョ　　　　モクタ

---

❷ ここで待ってもいいですか？　[ここ 여기 / 待つ 기다리다]
ヨギ　　　　　　キダリダ

注 ※「ここで」は여기에서（ヨギエソ）ですが、여기서（ヨギソ）と縮約されます。

❸ ドアを閉めてもいいですか？［ドア 문 / 閉める 닫다］

「안＋語幹＋아/어」（否定／キーフレーズ9）を使って、「～しなくてもいいですか？」の形を作ってみましょう。

같이 안 가요? ―緒に行きませんか？（キーフレーズ9丁寧編）

⬇

같이 안 가다 + 아도 돼요?
―緒に行かない　　～しなくてもいいですか

➡ # 같이 안 가도 돼요?
―緒に行かなくてもいいですか？

❹ 全部食べなくてもいいですか？［全部 다 / 食べる 먹다］

❺ 予約しなくてもいいですか？［予約 예약 / する 하다］

🔊 TRACK 108

解答

❶ 먼저 먹어도 돼요? (モンジョ　モゴド　ドェヨ)

❷ 여기서 기다려도 돼요? (ヨギソ　キダリョド　ドェヨ)

❸ 문을 닫아도 돼요? (ムヌル　タダド　ドェヨ)

❹ 다 안 먹어도 돼요? (タ　アン　モゴド　ドェヨ)

❺ 예약 안 해도 돼요? (イェヤク　アネド　ドェヨ)

너를 좋아하니까.

（ノルル　チョアハニッカ）

君が好きだから。

 文法　語幹 ＋ 니까/으니까　～から

（ニッカ　ウニッカ）

　パッチムのない語幹に니까（ニッカ）、パッチムがある語幹には으니까（ウニッカ）をつけて、日本語の「～から」のように理由を表します。「好きだから」の後に「離さない」のように文を続けることができますが、니까/으니까で文を中断することもよくあります。

| パッチムなし | 좋아하다（チョアハダ）好きだ | ＋ | 니까（ニッカ）～から | ➡ | 좋아하니까（チョアハニッカ）好きだから |

| パッチムあり | 있다（イッタ）いる | ＋ | 으니까（ウニッカ）～から | ➡ | 있으니까（イッスニッカ）いるから |

 キーフレーズ解説

語尾

「私だ」「欲だ」のように名詞文を作る「だ」は、韓国語で이다（イダ）です。이다も、動詞や形容詞と同じように、다を取った語幹に活用語尾をつけて活用します。ただ、名詞にパッチムがない場合、語幹が省略されます。

| パッチムあり | 욕심이다（ヨクシミダ）欲だ | 욕심이（ヨクシミ）語幹（이） | ＋ | 니까（ニッカ）～から | ➡ | 욕심이니까（ヨクシミニッカ）欲だから |

| パッチムなし | 나(이)다（ナ(イ)ダ）私だ | 나(이)（ナ(イ)）語幹（이省略） | ＋ | 니까（ニッカ）～から | ➡ | 나니까（ナニッカ）私だから |

単語

좋아하다（チョアハダ）は「好む」という動詞なので、너를 좋아하다の直訳は「君を好む」で、意訳して「君が好きだ」になります。

♪ 歌 ♥ ドラマフレーズ

❶ 곁에 있다 _{キョテ イッタ}
そばに いる
➡ 곁에 있으니까. _{キョテ イッスニッカ}
そばにいるから。

❷ 하늘이 푸르다 _{ハヌリ プルダ}
空 が 青い
➡ 하늘이 푸르니까. _{ハヌリ プルニッカ}
空が青いから。

❸ 너는 이렇게 빛나다 _{ノヌン イロケ ピンナダ}
君 は こんなに 輝く

➡ 너는 이렇게 빛나니까. _{ノヌン イロケ ピンナニッカ}
君はこんなに輝いているから。

❹ 포기 안 하다 _{ポギ ア ナダ}
放棄 ない する
➡ 포기 안 하니까. _{ポギ ア ナニッカ}
諦めないから。

❺ 승자는 나다 _{スンジャヌン ナダ}
勝者 は 僕 だ
➡ 승자는 나니까. _{スンジャヌン ナニッカ}
勝者は僕だから。

注 ※「私だ」は나이다（ナイダ）ですが、「私」나（ナ）にパッチムがないので이が省略されます。

❻ 나의 욕심이다 _{ナエ ヨクシミダ}
僕 の 欲 だ
➡ 나의 욕심이니까. _{ナエ ヨクシミニッカ}
僕が欲張りだから（僕の欲だから）。

날씨가 좋_{으니까요.}
ナルシガ　　　　チョウニッカヨ

天気がいいですから。

文法　動詞 + 니까요/으니까요　〜ですから
ニッカヨ　　ウニッカヨ

　キーフレーズ21「語幹＋니까/으니까」(〜から)の後ろに요(ヨ)をつけると、丁寧形として文を中断することができます。日本語の「〜ですから」に相当します。

パッチムなし	오다 + 니까요 ➡ 오니까요
	オダ　ニッカヨ　　オニッカヨ
	来る　〜ますから　来ますから

パッチムあり	좋다 + 으니까요 ➡ 좋으니까요
	チョタ　ウニッカヨ　　チョウニッカヨ
	いい　〜ですから　いいですから

日常フレーズ ● ● ● ● ● ● ● ● ● ● ● ● ● ● ● ● ●

　以下を韓国語で書いてみましょう。さらに、音声を聞きながら声に出して読んでみましょう。

❶ 時間がありませんから。 [時間 시간 / ない 없다]
シガン　　　　　オプタ

❷ 雨が降っていますので。 [雨 비 / 降る 오다]
ピ　　　　オダ

（注）※雨や雪が「降る」には、내리다 (ネリダ)「降りる」、오다 (オダ)「来る」の動詞を使います。

❸ 量が多いですので。 [量 양 / 多い 많다]

チャレンジ！ ///

니까/으니까の後ろに、「語幹＋고 싶어요」（〜たいです／キーフレーズ8丁寧編）をつけてみましょう。文末に요があれば丁寧形なので、니까/으니까に요をつける必要はありません。

날씨가 좋으니까(요) ＋ **영화를 보고 싶어요**
天気がいいですから　　　　　　　　映画を見たいです

➡ **날씨가 좋으니까 영화를 보고 싶어요.**
天気がいいですから、映画を見たいです。

❹ 友達がいるから行きたいです。 [友達 친구 / いる 있다 / 行く 가다]

---

❺ 体が疲れているので休みたいです。 [体 몸 / 疲れている 피곤하다 / 休む 쉬다]

🔊 TRACK 112

解答
❶ 시간이 없으니까요. (シガニ　オプスニッカヨ)
❷ 비가 오니까요. (ピガ　オニッカヨ)
❸ 양이 많으니까요. (ヤンイ　マヌニッカヨ)
❹ 친구가 있으니까 가고 싶어요. (チングガ　イッスニッカ　カゴ　シポヨ)
❺ 몸이 피곤하니까 쉬고 싶어요. (モミ　ピゴナニッカ　スィゴ　シポヨ)

니가 없으면 안돼.

ニガ　　オプスミョン　　アンドェ

君がいないとダメなんだ。

文法 語幹 + 면/으면 ～たら/～れば/～と
ミョン ウミョン

　パッチムのない語幹に면（ミョン）、パッチムがある語幹には으면（ウミョン）をつけて、「～たら/～れば/～と」という仮定を表します。

パッチムなし	들키다 ＋ 면 ➡ 들키면
	ばれる ～と ばれると

パッチムあり	없다 ＋ 으면 ➡ 없으면
	いない ～と いないと

※ただし、パッチムが ㄹ の場合は 으 が入らず、면だけがつきます。
　울다（ウルダ）泣く ＋ 면（ミョン） ⇒ 울면（ウルミョン）泣いたら

キーフレーズ解説

語尾

・「～たら」の後ろには、日本語と同様、いろいろな内容を続けられますが、ここでは안돼「だめだ」をつなげてみます。

　없으면 안돼　いないとだめだ
　オプスミョン　アンドェ

・안돼は、안되다「だめだ」に어（キーフレーズ7）がついた活用形です。他の語尾もつけられます。

안되다 ＋ 잖아 ➡ 안되잖아
だめだ ～じゃないか だめじゃないか

안되다 ＋ 니까 ➡ 안되니까
だめだ ～から だめだから

♪ 歌♥ドラマフレーズ ● ● ● ● ● ● ● ● ● ●

❶ <u>손을 놓다</u>
ソヌル　　ノタ
手を　　離す

➡ 손을 놓으면 안돼.
ソヌル　　ノウミョン　　アンドェ
手を離しちゃだめ。

❷ <u>들키다</u> / <u>절대</u>
トゥルキダ　　チョルテ
ばれる　　　絶対

➡ 들키면 절대 안돼.
トゥルキミョン　チョルテ　アンドェ
ばれたら絶対だめ。

❸ <u>갑작스레</u> <u>숨다</u>
カプチャクスレ　　スムタ
突然　　　　隠れる

➡ 갑작스레 숨으면 안돼.
カプチャクスレ　　スムミョン　アンドェ
突然隠れちゃだめ。

❹ <u>망설이다</u>
マンソリダ
ためらう

➡ 망설이면 안돼.
マンソリミョン　アンドェ
ためらっちゃだめ。

❺ <u>엇갈리다</u>
オッカルリダ
すれ違う

➡ 엇갈리면 안되니까.
オッカルリミョン　アンドェニッカ
すれ違うといけないから。

❻ <u>그 사람 앞에서 울다</u>
ク　サラム　アペソ　ウルダ
その　人　前　で　泣く

➡ 그 사람 앞에서 울면 안되잖아.
ク　サラム　アペソ　ウルミョン　アンドェジャナ
その人の前で泣いちゃだめじゃない。

이대로 쭉 가면 돼요?

<small>イデロ　　　ッチュク　　カミョン　　ドェヨ</small>

このまままっすぐ行けばいいですか？

文法　動詞 + 면/으면　〜たら/〜ば/〜と

<small>ミョン ウミョン</small>

　キーフレーズ22では「語幹＋면/으면」（〜たら）の後ろに안돼をつけて「〜たらだめ」と禁止を表しましたが、안돼を돼요（ドェヨ）「いいです」にすると、「〜ればいいです」になります。疑問文にすれば、方法や条件を尋ねることができます。

パッチムなし

가다　＋　면　➡　가면 돼요(?)
行く　　　〜ば　　行けばいいです（か？）

パッチムあり

잡다 ＋ 으면 ➡ 잡으면 돼요(?)
捕まえる　〜ば　捕まえればいいです（か？）

日常フレーズ ● ● ● ● ● ● ● ● ● ● ● ● ● ● ● ● ● ●

　以下を韓国語で書いてみましょう。さらに音声を聞きながら声に出して読んでみましょう。

❶ 新村までどうやって行けばいいですか？［新村 신촌 / どうやって 어떻게 / 行く 가다］

注 ※新村は延世大学などがある地域。

❷ タクシーはどこで捕まえればいいですか？
[タクシー 택시 / どこ 어디 / 捕まえる 잡다]

――――――――――――――――――――――――――――――

❸ 江南駅で降りればいいです。[江南駅 강남역（発音は [강남녁]）/ 降りる 내리다]

――――――――――――――――――――――――――――――

❹ 何を持っていけばいいですか？ [何 무엇 / 持っていく 가져가다]

――――――――――――――――――――――――――――――

❺ 誰に訊けばいいですか？ [誰 누구 / 訊く 물어보다]

――――――――――――――――――――――――――――――

🔊 TRACK 116

（解答）――――――――――――――――――――――――――――――

❶ 신촌까지 어떻게 가면 돼요? (シンチョンカジ　オットケ　カミョン　ドェヨ)
❷ 택시는 어디서 잡으면 돼요? (テクシヌン　オディソ　チャブミョン　ドェヨ)
❸ 강남역에서 내리면 돼요. (カンナムニョゲソ　ネリミョン　ドェヨ)
❹ 무엇을 가져가면 돼요? (ムオスル　カジョガミョン　ドェヨ)
❺ 누구에게 물어보면 돼요? (ヌグエゲ　ムロボミョン　ドェヨ)

여기 있을게.

ヨギ　　イッスルケ

ここにいるよ。

 文法　語幹 ＋ ㄹ게/을게　〜よ/〜ね
　　　　　　　　　　　　ルケ　　ウルケ

　パッチムのない語幹に ㄹ게（ルケ）、パッチムがある語幹には 을게（ウルケ）をつけて、話し手（＝自分）の意志や約束を表します。

パッチムなし	지우다	＋ ㄹ게	➡ 지울게
	チウダ 消す	ルケ 〜よ	チウルケ 消すよ

パッチムあり	있다	＋ 을게	➡ 있을게
	イッタ いる	ウルケ 〜よ	イッスルケ いるよ

キーフレーズ解説

語尾

「語幹＋아/어 줘」（キーフレーズ12）を応用することもできます。

지키다	지켜 주다	＋ ㄹ게	➡ 지켜 줄게
チキダ 守る	チキョ ジュダ 守ってあげる	ルケ 〜よ	チキョ ジュルケ 守ってあげるよ

● 주다の意味 ●

　주다（チュダ）は「（あなたが）くれる」と「（私が）あげる」の両方の意味があります。キーフレーズ12では「（あなたが）〜してくれる」の意味で、上記の例では「（私が）〜してあげる」の意味で使われています。

キーフレーズ12	안다 アンタ 抱く	안아 줘 アナ ジュォ 抱いて	➡ （あなたが私を）抱いてくれる
キーフレーズ23	지키다 チキダ 守る	지켜 줄게 チキョ ジュルケ 守ってあげるよ	➡ （私があなたを）守ってあげる

❶ 기억을 지우다
キオグル チウダ
記憶 を 消す
➡ 기억을 지울게.
キオグル チウルケ
記憶を消すよ。

❷ 네 이름을 부르다
ネ イルムル プルダ
君の 名 を 呼ぶ
➡ 네 이름을 부를게.
ネ イルムル プルルケ
君の名を呼ぶよ。

❸ 벌을 받다
ポルル パッタ
罰 を 受ける
➡ 벌을 받을게.
ポルル パドゥルケ
罰を受けるよ。

❹ 그대를 찾다
クデルル チャッタ
君 を 探す
➡ 그대를 찾을게.
クデルル チャジュルケ
君を探すよ。

注 ※그대「君、あなた」は、詩や歌詞でのみ使います。

❺ 지켜 주다
チキョ ジュダ
守る 〜てあげる
➡ 지켜 줄게.
チキョ ジュルケ
守ってあげるよ。

❻ 너에게 들려 주다
ノエゲ トゥルリョ ジュダ
君 に 聞かせる 〜てあげる
➡ 너에게 들려 줄게.
ノエゲ トゥルリョ ジュルケ
君に聞かせてあげるよ。

다시 올게요.
タシ　オルケヨ

また来ますね。

文法 語幹 + ㄹ게요/을게요 ～ますね
　　　　　　ルケヨ　ウルケヨ

　キーフレーズ23「語幹＋ㄹ게/을게」の文末に요(ヨ)をつければ、丁寧形になります。話し手(＝自分)の意志や約束の意を表します。

パッチムなし → 오다 + ㄹ게요 ➡ 올게요
　　　　　オダ　　　ルケヨ　　　オルケヨ
　　　　　来る　　～ますね　　来ますね

パッチムあり → 닫다 + 을게요 ➡ 닫을게요
　　　　　タッタ　　ウルケヨ　　タドゥルケヨ
　　　　　閉める　～ますね　　閉めますね

日常フレーズ • • • • • • • • • • • • • • • • • •

　以下を韓国語で書いてみましょう。さらに、音声を聞きながら声に出して読んでみましょう。

❶ 後で電話しますね。［後で 나중에 / 電話する 전화하다］
　　　　　　　　　　　　　　　ナジュンエ　　　　　チョヌァハダ

---

❷ おいしく食べますね。［おいしく 맛있게 / 食べる 먹다］
　　　　　　　　　　　　　　　　マシッケ　　　　モクタ

注 ※食べ物をもらった時などのあいさつによく使います。

❸ 外で待ちますね。［外 밖 〔パク〕 / 待つ 기다리다 〔キダリダ〕］

チャレンジ！ //

「안＋語幹＋아/어」（否定/キーフレーズ9）を使って、「～しませんね」の形を作ってみましょう。

❹ 二度としません。［再び 다시 〔タシ〕 / する 하다 〔ハダ〕］

注 ※「二度と」は、「再びは」の意訳。

❺ この次は遅れませんね。［この次 다음 〔タウム〕 / 遅れる 늦다 〔ヌッタ〕］

注 ※韓国語にするときには「この次には」と「に」を入れます。

🔊 TRACK 120

（**解答**）
❶ 나중에 전화할게요. (ナジュンエ　チョヌァハルケヨ)
❷ 맛있게 먹을게요. (マシッケ　モグルケヨ)
❸ 밖에서 기다릴게요. (パッケソ　キダリルケヨ)
❹ 다시는 안 할게요. (タシヌン　アナルケヨ)
❺ 다음에는 안 늦을게요. (タウメヌン　アン　ヌジュルケヨ)

훅 사라질까.
（フク）（サラジルカ）

ふっと消えちゃうかな。

 文 法　語幹 ＋ ㄹ까/을까　～かな/～ようか？
（ルカ）（ウルカ）

　パッチムのない語幹に ㄹ까（ルカ）、パッチムがある語幹には 을까（ウルカ）をつけて、「～かな」と疑問を表したり、相手に「～ようか？」と意向を尋ねたりします。

[パッチムなし]→　사라지다 ＋ ㄹ까 ➡ 사라질까
（サラジダ）（ルカ）（サラジルカ）
　　　　　　　消える　　　　～かな　　　消えるかな

[パッチムあり]→　남다 ＋ 을까 ➡ 남을까
（ナムタ）（ウルカ）（ナムルカ）
　　　　　　　残る　　　～かな　　　残るかな

※ただしパッチムが ㄹ の場合は、一旦語幹のパッチム ㄹ が落ちて、ㄹ까 がつきます。
　알다（アルダ）知っている ＋ ㄹ까（ルカ）⇒ 알까（アルカ）知っているかな

キーフレーズ解説

語尾

「語幹＋아도/어도 돼」（キーフレーズ20）を応用することもできます。

잡다　잡아도 되다 ＋ ㄹ까 ➡ 잡아도 될까
（チャプタ）（チャバド ドェダ）（ルカ）（チャバド ドェルカ）
つなぐ　つないでもいい　　～かな　　つないでもいいかな

♪ 歌 ♥ ドラマフレーズ ● ● ● ● ● ● ● ● ● ●

❶ 봄날이 오다 ➡ 봄날이 올까.
^{ポムナリ} ^{オダ}　　　　^{ポムナリ}　^{オルカ}
春の日 が 来る　　春の日が来るかな。

❷ 어떤 사람이다 ➡ 어떤 사람일까.
^{オットン} ^{サラミダ}　　　　^{オットン}　^{サラミルカ}
どんな 人 だ　　どんな人かな。

❸ 카메라에 담다 ➡ 카메라에 담을까.
^{カメラエ} ^{タムタ}　　　　^{カメラエ}　^{タムルカ}
カメラ に 収める　　カメラに収めようか。

❹ 추억으로 남다 ➡ 추억으로 남을까.
^{チュオグロ} ^{ナムタ}　　　　^{チュオグロ}　^{ナムルカ}
思い出 として 残る　　思い出に残るかな。

❺ 나를 알다 ➡ 나를 알까.
^{ナルル} ^{アルダ}　　　　^{ナルル}　^{アルカ}
僕 を 知っている　　僕を知ってるかな。

❻ 그 손을 잡아도 되다
^ク ^{ソヌル} ^{チャバド} ^{ドェダ}
その 手 を つかんでも いい

➡ 그 손을 잡아도 될까.
^ク ^{ソヌル} ^{チャバド} ^{ドェルカ}
その手をつないでもいいかな。

아침은 다시 올 거야.

アチムン　　タシ　　オル　コヤ

朝はまた来るだろう。

文法 語幹 + ㄹ/을 거야　〜だろう/〜つもりだ
　　　　　　　ル　ウル　コヤ

　パッチムのない語幹にㄹ 거야(ルコヤ)、パッチムがある語幹には을 거야(ウルコヤ)をつけて、「〜だろう」という客観的な推測や、「〜つもりだ」という予定や意志を表したり、疑問文にして相手の意志を尋ねたりします。

パッチムなし ▶ 오다 ＋ ㄹ 거야 ➡ 올 거야
　　　　　　　　　オダ　　　　ル　コヤ　　　　オル　コヤ
　　　　　　　　　来る　　　〜だろう　　　　来るだろう

パッチムあり ▶ 괜찮다 ＋ 을 거야 ➡ 괜찮을 거야
　　　　　　　　クェンチャンタ　　　ウル　コヤ　　クェンチャヌル　コヤ
　　　　　　　　大丈夫だ　　　　〜だろう　　　大丈夫だろう

キーフレーズ解説

意味 「語幹＋ㄹ게/을게」(キーフレーズ23)も、話し手の意志を表します。ここで学ぶ「語幹＋ㄹ/을 거야」の方が意味の範囲が広く、疑問文にして相手の意志を尋ねることもできます。「語幹＋ㄹ게/을게」は疑問文になりません。

語尾 否定の形(キーフレーズ9)を応用することもできます。

오다　　　안 오다 ＋ ㄹ 거야 ➡ 안 올 거야
オダ　　　アノダ　　　ル　コヤ　　　アノル　コヤ
来る　　　来ない　　〜だろう　　　来ないだろう

発音 パッチムㄹの次のㄱは通常、濁って発音されますが、キーフレーズ23・25のように濃音で発音されることがあります。

올 거야 発音[올꺼야]

❶ 너를 지키다 ➡ 너를 지킬 거야.
(ノルル チキダ) (ノルル チキル コヤ)
君 を 守る　　　君を守るつもりだ。

❷ 지금은 다르다 ➡ 지금은 다를 거야.
(チグムン タルダ) (チグムン タルル コヤ)
今 は 違う　　　今は違うだろう。

❸ 꿈에 널 가두다 ➡ 꿈에 널 가둘 거야.
(ックメ ノル カドゥダ) (ックメ ノル カドゥル コヤ)
夢 に 君を 閉じ込める　　夢に君を閉じ込めるつもりだ。

❹ 너 때문이다 ➡ 너 때문일 거야.
(ノ ッテムニダ) (ノ ッテムニル コヤ)
君 のため だ　　　君のためだろう。

❺ 너는 괜찮다 ➡ 너는 괜찮을 거야.
(ノヌン クェンチャンタ) (ノヌン クェンチャヌル コヤ)
君 は 大丈夫だ　　　君は大丈夫だろう。

❻ 안 잊다 ➡ 안 잊을 거야.
(アン イッタ) (アン イジュル コヤ)
ない 忘れる　　　忘れないつもりだ。

사람이 많을 거예요.
サラミ　　マヌル　　　コエヨ

混んでると思います。

文法 動詞 + ㄹ/을 거예요　～でしょう/～と思います/～つもりです
　　　　　　　　　　ル　ウル　コエヨ

　キーフレーズ25「語幹＋ㄹ/을 거야」の文末の야の代わりに예요（エヨ）をつければ、丁寧形になります。客観的な判断を表すときは「～でしょう」「～と思います」、話し手が主語の場合は「～つもりです」という日本語になります。

パッチムなし		

비싸다 ＋ ㄹ 거예요 ➡ 비쌀 거예요
ピッサダ　　　　ル　コエヨ　　　ピッサル　コエヨ
（値段が）高い　　　～でしょう　　　高いでしょう

パッチムあり		

많다　 ＋ 을 거예요 ➡ 많을 거예요
マンタ　　　　ウル　コエヨ　　　マヌル　コエヨ
多い　　　　　～でしょう　　　　多いでしょう

※사람이 많다「人が多い」で、「混んでいる」という意味です。

日常フレーズ ●

　以下を韓国語で書いてみましょう。さらに、音声を聞きながら声に出して読んでみましょう。

❶ 道が混むと思います。　[道 길 / 混む 막히다]
　　　　　　　　　　　　　　　　キル　　マキダ

😮 ※막히다は「詰まる」という意味で、「道が詰まる」で、「渋滞する」の意味です。

❷ 少し遅れるでしょう。 [少し 조금 ^{チョグム} / 遅れる 늦다 ^{ヌッタ}]

___

❸ 友達が喜ぶと思います。 [友達 친구 ^{チング} / 喜ぶ 좋아하다 ^{チョアハダ}]

___

注 ※좋아하다は「好む」という意味ですが、「喜ぶ」という意味でも使います。

❹ たぶん値段が高いと思います。 [たぶん 아마 ^{アマ} / 値段 가격 ^{カギョク} / 高い 비싸다 ^{ピッサダ}]

___

❺ お土産は買わないつもりです。 [お土産 선물 ^{ソンムル} / 買う 사다 ^{サダ}]

___

◀)) TRACK 126

解答

❶ 길이 막힐 거예요. (キリ マキル コエヨ)
❷ 조금 늦을 거예요. (チョグム ヌジュル コエヨ)
❸ 친구가 좋아할 거예요. (チングガ チョアハル コエヨ)
❹ 아마 가격이 비쌀 거예요. (アマ カギョギ ピッサル コエヨ)
❺ 선물은 안 살 거예요. (ソンムルン アン サル コエヨ)

123

설레는 이유
ソルレヌン　イユ

ときめく理由

 文法　動詞・存在詞語幹 ＋ 는（＋名詞）　〜する（名詞）
ヌン

　「ときめく理由」の「ときめく」は「理由」を修飾する連体形です。動詞の語幹に는（ヌン）をつけて、名詞につなげます。パッチムのある語幹にもパッチムのない語幹にも는をつけます。

$$설레다 ＋ 는 \Rightarrow 설레는 (이유)$$

설레다	는		설레는	이유
ソルレダ	ヌン		ソルレヌン	イユ
ときめく	連体形		ときめく	理由

キーフレーズ解説

単語

存在詞（있다（イッタ）「ある」/ 없다（オプタ）「ない」）も動詞と同じように는をつけて連体形を作ります。

$$없다 ＋ 는 \Rightarrow 없는 (경우)$$

없다	는		없는	경우
オプタ	ヌン		オムヌン	キョンウ
ない	連体形		ない	場合

「おいしい」맛있다（マシッタ）、「面白い」재미있다（チェミイッタ）などは、日本語では形容詞ですが、있다/없다がつくので、連体形にするときは는をつけます。

$$맛있다 ＋ 는 \Rightarrow 맛있는 (찌개)$$

맛있다	는		맛있는	찌개
マシッタ	ヌン		マシンヌン	ッチゲ
おいしい	連体形		おいしい	（チゲ）

歌 ♥ ドラマフレーズ　　　🔊 TRACK 128

❶ <u>속삭이다</u> / <u>목소리</u>　➡　속삭이는 목소리
ソクサギダ　モクソリ　　　　　ソクサギヌン　モクソリ
ささやく　声　　　　　　　　　ささやく声

❷ <u>빛나다</u> / <u>너</u>　➡　빛나는 너
ピンナダ　ノ　　　　　ピンナヌン　ノ
輝く　君　　　　　　　輝く君

❸ <u>반짝이다</u> / <u>별빛들</u>　➡　반짝이는 별빛들
パンチャギダ　ピョルピットゥル　　パンチャギヌン　ピョルピットゥル
きらめく　星の光　　　　　　　きらめく星の光

❹ <u>왜곡되다</u> / <u>진실</u>　➡　왜곡되는 진실
ウェゴクトェダ　チンシル　　ウェゴクトェヌン　チンシル
歪められる　真実　　　　　歪められる真実

❺ <u>너를</u> <u>노리다</u> / <u>시선</u>　➡　너를 노리는 시선
ノルル　ノリダ　シソン　　ノルル　ノリヌン　シソン
君を　狙う　視線　　　　君を狙う視線

❻ <u>사랑받다</u> / <u>느낌</u>　➡　사랑받는 느낌
サランパッタ　ヌッキム　　サランパンヌン　ヌッキム
愛される　感じ　　　　　愛される感じ

❼ <u>관심이 없다</u> / <u>척</u>　➡　관심이 없는 척
クァンシミ　オプタ　チョク　　クァンシミ　オムヌン　チョク
関心が　ない　ふり　　　関心がないふり

택시 타는 곳이 어디예요?

テクシ　　タヌン　　ゴシ　　　オディエヨ

タクシー乗り場はどこですか？

 文法 動詞・存在詞語幹 ＋ 는 곳 〜するところ
ヌン ゴッ

キーフレーズ26の連体形を곳（ゴッ）「ところ」につなげて、「〜するところはどこですか？」と場所を尋ねるフレーズを作ってみましょう。

타다 ＋ 는 곳 ➡ 타는 곳
タダ　　　　ヌン ゴッ　　　タヌン ゴッ
乗る　　　連体形 ところ　　　乗るところ＝乗り場

※「どこですか？」は、어디예요? となります（キーフレーズ13丁寧編を参照）。
※日本語では「〜はどこですか？」と助詞「は」を使いますが、韓国語では日本語の「が」
　にあたる가/이を使います。

日常フレーズ ● ● ● ● ● ● ● ● ● ● ● ● ● ● ● ● ● ●

以下を韓国語で書いてみましょう。さらに音声を聞きながら声に出して読んでみましょう。

❶ 乗り換えるところはどこですか？ ［乗り換える 갈아타다］
カラタダ

❷ 出口（＝出るところ）はどこですか？ ［出る 나가다］
ナガダ

❸ レジ（＝計算するところ）はどこですか？ ［計算する 계산하다 ^{ケサナダ}］

🗒 ※계산하다「計算する」は、「お勘定する」の意味でも使われます。

❹ 服（を）着替えるところはどこですか？ ［服 옷 ^{オッ} / 着替える 갈아입다 ^{カライブタ}］

🗒 ※「服を着替える」の「を」はよく省略されます。

❺ 切符売り場（＝切符（を）買うところ）はどこですか？ ［切符 표 ^{ピョ} / 買う 사다 ^{サダ}］

🔊 TRACK 130

（解答）

❶ 갈아타는 곳이 어디예요? （カラタヌン　ゴシ　オディエヨ）

❷ 나가는 곳이 어디예요? （ナガヌン　ゴシ　オディエヨ）

❸ 계산하는 곳이 어디예요? （ケサナヌン　ゴシ　オディエヨ）

❹ 옷 갈아입는 곳이 어디예요? （オッ　カライムヌン　ゴシ　オディエヨ）

❺ 표 사는 곳이 어디예요? （ピョ　サヌン　ゴシ　オディエヨ）

슬픈 약속
<small>スルプン ヤクソク</small>

悲しい約束

 文法 語幹 ＋ ㄴ/은（＋名詞） ～な（名詞）/～した（名詞）
<small>ン ウン</small>

　パッチムのない語幹には ㄴ（ン）、パッチムのある語幹には 은（ウン）をつけて連体形を作ります。形容詞、指定詞、動詞の語幹につきます。

　形容詞・指定詞につくと「～な（名詞）」「～である（名詞）」と現在時制を、動詞につくと「～した（名詞）」と過去時制を表します。存在詞には 은 はつきません（特殊な場合を除く）。

▶▶▶ 形容詞　 슬프다 ＋ ㄴ　➡ 슬픈　現在の状態
<small>パッチムなし　スルプダ　悲しい　　ン　連体形　スルプン　悲しい～</small>

▶▶▶ 指定詞　（매력적）이다 ＋ ㄴ ➡ 매력적인　現在の状態
<small>パッチムなし　メリョクチョギダ　（魅力的）だ　ン　連体形　メリョクチョギン　魅力的な～</small>

※指定詞は名詞を作る 이다（イダ）「～だ」です。

▶▶▶ 動詞　 닿다 ＋ 은 ➡ 닿은　過去に起きた動作
<small>パッチムあり　タタ　届く　ウン　連体形　タウン　届いた～</small>

 **キーフレーズ解説**

語尾 ㄴ/은 がついた形を日本語にするとき、たいがい「～た」と訳しますが、「～ている」と訳せる場合もあります。日本語でも「服を着た人」ともいうし「服を着ている人」ともいうように、「着る」という動作は終わっていますが、動作がもたらした状態が続いているので「着ている人」とも表現できるのです。

입다 着る / 사람 人 ➡ 입은 사람 ➡ 日本語 { 着た人 / 着ている人
<small>イプタ　サラム　　　　　イブン　サラム</small>

歌 ♥ ドラマフレーズ

🔊 TRACK 132

❶ 그대 / 맑다 / 눈빛
　君　　　清い　　まなざし
→ 그대 맑은 눈빛
君の清らかなまなざし

❷ 예쁘다 / 너의 미소
　かわいい　君 の 微笑み
→ 예쁜 너의 미소
かわいい君の微笑み

❸ 짓궂다 / 악당
　性悪だ　　悪党
→ 짓궂은 악당
性悪な悪党

❹ 매력적이다 / 너
　魅力的　だ　　君
→ 매력적인 너
魅力的な君

❺ 사랑이 멈추다 / 시간
　愛　が　止まる　　時間
→ 사랑이 멈춘 시간
愛が止まった時間

❻ 시선이 닿다 / 순간
　視線 が 届く　　瞬間
→ 시선이 닿은 순간
視線が届いた瞬間

❼ 다시 만나다 / 나의 세계
　また　出会う　僕 の 世界
→ 다시 만난 나의 세계　また出会った僕の世界

129

편한 옷을 사고 싶어요.
_{ピョナン} _{オスル} _{サゴ} _{シポヨ}

楽な服を買いたいです。

 文法 形容詞語幹 ＋ ㄴ/은（＋名詞） 〜な（名詞）/〜い（名詞）
_ン _{ウン}

　キーフレーズ27のうち、形容詞の連体形を使った文を作ってみましょう。「〜
な○○を買いたいです」と、後半は「語幹＋고 싶어요」（キーフレーズ8丁寧編）を
応用してみましょう。

バッチムなし

편하다 ＋ ㄴ ➡ 편한 （옷）
　楽だ　　　連体形　　　楽な（服）

사다 ＋ 고 싶어요 ➡ 사고 싶어요
　買う　　　〜たいです　　　買いたいです

日常フレーズ ●

　以下を韓国語で書いてみましょう。さらに音声を聞きながら声に出して読んで
みましょう。

❶ 小さいカバンを買いたいです。［小さい 작다 / カバン 가방］

❷ きれいなシャツを買いたいです。[きれいだ 깔끔하다 ッカルクマダ / シャツ 셔츠 ショチュ]

___

❸ しゃれた靴を買いたいです。[しゃれている 멋지다 モッチダ / 靴 구두 クドゥ]

___

❹ 薄い本を買いたいです。[薄い 얇다 ヤルタ / 本 책 チェク]

___

❺ 質の良い文房具を買いたいです。[質 질 チル / 良い 좋다 チョタ / 文房具 문구 ムング]

___

注 ※日本語では「質がよい」を連体形にするとき「質のよい」と助詞が「の」になりますが、韓国語は가/이「が」のままです。

🔊 TRACK 134

解答

❶ 작은 가방을 사고 싶어요. (チャグン　カバンウル　サゴ　シポヨ)

❷ 깔끔한 셔츠를 사고 싶어요. (ッカルクマン　ショチュルル　サゴ　シポヨ)

❸ 멋진 구두를 사고 싶어요. (モッチン　クドゥルル　サゴ　シポヨ)

❹ 얇은 책을 사고 싶어요. (ヤルブン　チェグル　サゴ　シポヨ)

❺ 질이 좋은 문구를 사고 싶어요.
　　(チリ　チョウン　ムングルル　サゴ　シポヨ)

후회로 가득한데.
（フフェロ　カドゥカンデ）

後悔でいっぱいなのに。

 文法 形容詞語幹 ＋ ㄴ데/은데 （ンデ/ウンデ）　～なのに

形容詞の後ろにㄴ데/은데（ンデ/ウンデ）をつけると、「～なのに」と婉曲・逆接など幅広く使われます。婉曲とは、「いっぱいだ」とはっきり言わずに「いっぱいなんだが」とぼかして余韻をもたせる表現です。ㄴ데/은데は指示詞にもつきます。パッチムのない語幹にはㄴ데、パッチムのある語幹には은데をつけます。

| パッチムなし | 가득하다（カドゥカダ）いっぱいだ ＋ ㄴ데（ンデ）～なのに ➡ 가득한데（カドゥカンデ）いっぱいなのに |

| パッチムあり | 짧다（ッチャルタ）短い ＋ 은데（ウンデ）～なのに ➡ 짧은데（ッチャルブンデ）短いのに |

キーフレーズ解説

語尾

希望表現の「～したい」は、「い」で終わっているように形容詞と同じように活用します。韓国語の希望表現である「語幹＋고 싶다」（キーフレーズ1）も形容詞と同じ活用ですので、語幹にㄴ데/은데をつけることができます。

보고 싶다（ポゴ シブタ）会いたい ＋ 은데（ウンデ）～なのに ➡ 보고 싶은데（ポゴ シブンデ）会いたいのに

日本語でも「すごくかわいいんだけど！」と逆接の意味を失って感嘆を表す場合と同じ

意味

ㄴ데/은데は、文脈によって婉曲・逆接の他に、感嘆や非難、疑問の意味にもなります。

예쁘다（イェップダ）かわいい ➡ 아주 예쁜데（アジュ イェップンデ）すごくかわいいけど
- すごくかわいいね！（感嘆）
- すごくかわいいのに（非難）
- すごくかわいいけど？（疑問）

♪ 歌 ♥ ドラマフレーズ ● ● ● ● ● ● ● ● ● ● ● ● ● ● ● ●

❶ 인생은 짧다 ➡ 인생은 짧은데.
人生 は 短い 　 人生は短いのに。

❷ 너무 싫다 ➡ 너무 싫은데.
すごく 嫌だ 　 すごく嫌なのに。

❸ 할 일이 많다 ➡ 할 일이 많은데.
やること が 多い 　 やることが多いのに。

❹ 이렇게 행복하다 ➡ 이렇게 행복한데.
こんなに 幸せだ 　 こんなに幸せなのに。

❺ 지금도 가슴이 아프다
今 も 胸 が 痛い

➡ 지금도 가슴이 아픈데. 今も胸が痛いのに。

❻ 보고 싶다 ➡ 보고 싶은데.
会う ～たい 　 会いたいのに。

❼ 안기고 싶다 ➡ 안기고 싶은데.
抱かれる ～たい 　 抱かれたいのに。

조금 큰데요.
(チョグム) (クンデヨ)

ちょっと大きいんですが。

文法 形容詞語幹 ＋ ㄴ데요/은데요 ～なんですが
(ンデヨ) (ウンデヨ)

キーフレーズ28「形容詞語幹＋ㄴ데/은데」に요(ヨ)をつけると丁寧形になります。控えめに断ったり、要求したりするときに使える表現です。

パッチムなし▶ 크다 ＋ ㄴ데요 ➡ 큰데요
(クダ)　　　(ンデヨ)　　　(クンデヨ)
大きい　　　～なんですが　　大きいんですが

パッチムあり▶ 적다 ＋ 은데요 ➡ 적은데요
(チョクタ)　　　(ウンデヨ)　　　(チョグンデヨ)
少ない　　　～なんですが　　少ないんですが

日常フレーズ ● ● ● ● ● ● ● ● ● ● ● ●

以下を韓国語で書いてみましょう。さらに音声を聞きながら声に出して読んでみましょう。

❶ ちょっと小さいんですが。[ちょっと 조금 / 小さい 작다]
　　　　　　　　　　　　　　　　　　　(チョグム)　　　(チャクタ)

❷ 思ったより高いんですが。[思ったより 생각보다 / 高い 비싸다]
　　　　　　　　　　　　　　　　　　　　(センガクポダ)　　　(ピッサダ)

❸ デザインはいいんですが。[デザイン 디자인 / いい 좋다]

チャレンジ！ //

❶ ❷の文のあとに、もう一言加えてみましょう。「語幹＋아/어 주세요」(〜て
ください／キーフレーズ12丁寧編) を使ってみます。

❹ (ちょっと小さいんですが、)大きいサイズに換えてください。
  [大きい 크다 / サイズ 사이즈 / 換える 바꾸다]

注※「大きいサイズに」の「〜に (変化を表す)」は、助詞로/으로を使います。

❺ (思ったより高いんですが、)他の物を見せてください。
  [違う (異なる) 다르다 / もの 것 / 見せる 보이다]

◀ TRACK 138

(解答)
  ❶ 조금 작은데요. (チョグム チャグンデヨ)
  ❷ 생각보다 비싼데요. (センガ_クポダ ピッサンデヨ)
  ❸ 디자인은 좋은데요. (ティジャイヌン チョウンデヨ)
  ❹ 큰 사이즈로 바꿔 주세요. (クン サイジュロ パックォ ジュセヨ)
  ❺ 다른 것을 보여 주세요. (タルン コスル ポヨ ジュセヨ)

세월이 흘러가는데.
セウォリ　　フルロガヌンデ

月日は流れていくのに。

📖 **文法**　動詞・存在詞語幹 ＋ 는데 ～なのに
　　　　　　　　　　　ヌンデ

　動詞・存在詞 (있다/없다) の後ろに는데 (ヌンデ) をつけると、「～なのに」と婉曲・逆接など幅広く使われます。語幹にパッチムがあってもなくても関係なく使えます。文脈によって婉曲・逆接のほかに、非難や感嘆、疑問の意味にもなります。

흘러가다 ＋ 는데 ➡ 흘러가는데
フルロガダ　　　ヌンデ　　　フルロガヌンデ
流れていく　　 ～なのに　　流れていくのに

キーフレーズ解説

語尾

婉曲・逆接表現を過去形「～したのに」で使う場合は、過去形の語幹に는데をつけます。

맞다　맞았다 ＋ 는데 ➡ 맞았는데
マッタ　マジャッタ　　ヌンデ　　マジャンヌンデ
合う　合った　　～なのに　合ったのに

形容詞も過去の婉曲・逆接表現は動詞と同様、過去形の語幹に는데をつけます。

작다　작았다 ＋ 는데 ➡ 작았는데
チャクタ　チャガッタ　　ヌンデ　　チャガンヌンデ
小さい　小さかった　～なのに　小さかったのに

---

❶ 가슴이 뛰다
（カスミ ットゥイダ）
胸　が　弾む

➡ **가슴이 뛰는데.**
（カスミ ットゥィヌンデ）
胸が弾むけれど。

❷ 눈물이 쏟아지다
（ヌンムリ ッソダジダ）
涙　が　あふれる

➡ **눈물이 쏟아지는데.**
（ヌンムリ ッソダジヌンデ）
涙があふれるけれど。

❸ 너만 기다리다
（ノマン キダリダ）
君 だけ　待つ

➡ **너만 기다리는데.**
（ノマン キダリヌンデ）
君だけを待っているのに。

❹ 니 말은 다 맞다
（ニ マルン タ マッタ）
君の 言葉 は 全部　合う

➡ **니 말은 다 맞는데.**
（ニ マルン タ マンヌンデ）
君の言うことは全て正しいけれど。

🎵注 ※너의 (ナエ)「君の」の縮約形は네 (ネ) ですが、口語では니 (ニ) も使います。

❺ 그대 밖에 없다
（クデ パッケ オプタ）
君　しか　いない

➡ **그대 밖에 없는데.**
（クデ パッケ オムヌンデ）
君しかいないのに。

❻ 노을만 붉게 타다
（ノウルマン プルケ タダ）
夕焼け ばかり 赤く　燃える

➡ **노을만 붉게 타는데.**
（ノウルマン プルケ タヌンデ）
夕焼けばかりが赤く燃えているけど。

❼ 왜 말도 못 하다
（ウェ マルド モ タダ）
なぜ 言葉 も できない する

➡ **왜 말도 못 하는데?**
（ウェ マルド モ タヌンデ）
なぜ言えないんだ？

137

시간이 없는데요.
シガニ　　オムヌンデヨ

時間がないんですが。

文法　動詞・存在詞語幹 ＋ 는데요（ヌンデヨ）　〜なんですが

　キーフレーズ29「動詞・存在詞語幹＋는데」に요(ㅛ)をつけると丁寧形になります。文脈によって、婉曲・余韻・非難・感嘆など幅広い意味で使われます。

없다 ＋ 는데요 ➡ 없는데요
オプタ　　ヌンデヨ　　　オムヌンデヨ
ない　　〜なんですが　　ないんですが

日常フレーズ

　以下を韓国語で書いてみましょう。さらに、音声を聞きながら声に出して読んでみましょう。

❶ 店の名前はわからないんですが。[店 가게（カゲ）/ 名前 이름（イルム）/ わからない 모르다（モルダ）]

💬※「店の名前」の助詞「の」は、韓国語では省略できます。

❷ 雪が降っていますが。[雪 눈（ヌン）/ 降る 내리다（ネリダ）]

💬※雨や雪が「降る」には、내리다（ネリダ）「降りる」、오다（オダ）「来る」の動詞を使います。

❸ すごくおいしいですね。[すごく 아주 / おいしい 맛있다]

チャレンジ！ ///

過去形バージョンも作ってみましょう。

❹ 何度も言いましたのに。[何度も 몇 번이나 / 言う 말하다]

---

❺ 雨はやみましたが。[雨 비 / やむ 그치다]

◀)) TRACK 142

解答

❶ 가게 이름은 모르는데요. (カゲ イルムン モルヌンデヨ)
❷ 눈이 내리는데요. (ヌニ ネリヌンデヨ)
❸ 아주 맛있는데요. (アジュ マシンヌンデヨ)
❹ 몇 번이나 말했는데요. (ミョッ ポニナ マレンヌンデヨ)
❺ 비는 그쳤는데요. (ピヌン クチョンヌンデヨ)

날개를 펼칠 수 있어.

ナルゲルル　　ピョルチル　ス　イッソ

翼を広げられる。

 文法　動詞語幹 ＋ ㄹ/을 수 있어　〜れる/〜られる(可能)
ル　ウル　ス　イッソ

　　パッチムのない語幹に ㄹ 수 있어 (ル スイッソ)、パッチムのある語幹に 을 수 있어 (ウル スイッソ)をつけると、「〜れる/〜られる」「〜することができる」という可能表現になります。있어は있다 (イッタ)「ある」の語幹に어がついた形です。

パッチムなし

펼치다 ＋ ㄹ 수 있어 ➡ 펼칠 수 있어
ピョルチダ　　　　ル　ス　イッソ　　　ピョルチル　ス　イッソ
広げる　　　　　〜られる　　　　　広げられる

パッチムあり

죽다 ＋ 을 수 있어 ➡ 죽을 수 있어
チュクタ　　　ウル　ス　イッソ　　　チュグル　ス　イッソ
死ぬ　　　　〜れる　　　　　死ねる

キーフレーズ解説

語尾 수は「方法、手段」という意味の名詞です。

날개를 펼칠 수(가) 있어
ナルゲルル　ピョルチル　ス(ガ)　イッソ
(直訳)翼を　広げる　手段(が)　ある ➡ 翼を広げられる

수は名詞なので、助詞の가「が」があると分かりやすいのですが、よく省略されます。また、助詞の가「が」以外に、는「は」、도「も」などの助詞もつきます。

견디다 견딜 수는 있어
キョンディダ　キョンディル　スヌン　イッソ
耐える　耐える　手段は　ある ➡ 耐えることはできる

죽다 죽을 수도 있어
チュクタ　チュグル　スド　イッソ
死ぬ　死ぬ　手段も　ある ➡ 死ぬこともできる

---

❶ 아직 견디다
（アジク　キョンディダ）
まだ　耐える

➡ **아직 견딜 수 있어.**
（アジク　キョンディル　ス　イッソ）
まだ耐えられる。

❷ 이대로 죽다
（イデロ　チュクタ）
このまま　死ぬ

➡ **이대로 죽을 수도 있어.**
（イデロ　チュグル　スド　イッソ）
このまま死ぬこともできる。

❸ 영원히 함께하다
（ヨンウォニ　ハムケハダ）
永遠に　共にする

➡ **영원히 함께할 수 있어.**
（ヨンウォニ　ハムケハル　ス　イッソ）
永遠に一緒にいられる。

❹ 다시 일어나다
（タシ　イロナダ）
もう一度　立ち上がる

➡ **다시 일어날 수는 있어.**
（タシ　イロナル　スヌン　イッソ）
もう一度立ち上がることはできる。

❺ 어둠을 이기다
（オドゥムル　イギダ）
暗闇　を　負かす

➡ **어둠을 이길 수 있어.**
（オドゥムル　イギル　ス　イッソ）
暗闇に勝てる。

> **注** ※이기다は「勝つ」という意味です。痛み、悲しみ、欲望などに打ち勝つ場合、韓国語では助詞「を」にあたる를/을を使います。

❻ 저 멀리 날아가다
（チョ　モルリ　ナラガダ）
もっと　遠くに　飛んでいく

➡ **저 멀리 날아갈 수 있어.**
（チョ　モルリ　ナラガル　ス　イッソ）
もっと遠くに飛んでいける。

내 마음을 숨길 수 없어.

ネ　マウムル　スムギル　ス　オプソ

僕の気持ちを隠せない。

　動詞語幹 + ㄹ/을 수 없어　～できない

ル ウル ス オプソ

　キーフレーズ30「動詞語幹＋ㄹ/을 수 있어」の、있어を없어（オプソ）にすると、「～れない/～られない」「～することができない」と不可能表現になります。없어は없다（オプタ）「ない」の語幹에어がついた形です。

パッチムなし

숨기다　+　ㄹ 수 없어　➡　숨길 수 없어
スムギダ　　　ル ス オプソ　　　スムギル ス オプソ
隠す　　　　　～できない　　　　　隠せない

パッチムあり

믿다　+　을 수 없어　➡　믿을 수 없어
ミッタ　　　ウル ス オプソ　　　ミドゥル ス オプソ
信じる　　　　～できない　　　　　信じられない

キーフレーズ解説

意味

「못＋語幹＋아/어」（キーフレーズ10）も不可能表現「～できない」でした。2つの不可能表現の区別は、一般的に「能力がなくてできない」と「条件が整わなくてできない」という違いだといわれています。ただ、能力か条件か、いつも区別できるわけではないので、神経質になる必要はありません。

들어가다（入る）の不可能
トゥロガダ

「入れない」
- 못 들어가　…能力がない（怖い、体力がない etc.）
  モッ トゥロガ
- 들어갈 수 없어　…条件が整わない（工事中、靴がない etc.）
  トゥロガル ス オプソ

♪ 歌 ♥ ドラマフレーズ

❶ 이젠 돌이키다 ➡ 이젠 돌이킬 수 없어.

もう　　戻る

もう戻れない。

❷ 하루도 버티다 ➡ 하루도 버틸 수 없어.

一日　も　我慢する

一日も我慢できない。

❸ 아무도 믿다 ➡ 아무도 믿을 수가 없어.

誰も　　信じる

誰も信じられない。

❹ 널 달래 주다 ➡ 널 달래 줄 수도 없어.

君を 慰める ～てあげる

君を慰めてあげることもできない。

❺ 고통에서 헤어나다

苦痛　から　抜け出す

➡ 고통에서 헤어날 수 없어.

苦痛から抜け出せない。

❻ 내 모습을 보여 주다

僕の　姿　を　見せる ～てあげる

➡ 내 모습을 보여 줄 수 없어.

僕の姿を見せてあげられない。

날짜를 바꿀 수 있어요?
ナルチャルル　パックル　ス　イッソヨ

日にちを変えられますか？

文法　動詞語幹 ＋ ㄹ/을 수 있어요(?)　〜られます(か?)
ル ウル ス イッソヨ

　　　　　　　　ㄹ/을 수 없어요(?)　〜られません(か?)
ル ウル ス オプソヨ

キーフレーズ30・31の末尾に요(ヨ)をつけると丁寧形になります。

바꾸다 ＋ ㄹ 수 있어요
パックダ　　　ル ス イッソヨ
変える　　　　〜られます

➡ 바꿀 수 있어요　変えられます
パックル ス イッソヨ

日常フレーズ •

　以下を韓国語で書いてみましょう。さらに、音声を聞きながら声に出して読んでみましょう。

❶ どこで買えますか？［どこ 어디 オディ / 買う 사다 サダ］

---

❷ 今、電話に出られません。［今 지금 チグム / 電話 전화 チョヌァ / 出る 받다 パッタ］

🈫 ※전화를 받다「電話を受ける」で「電話に出る」の意味です。

❸ 韓国語は少し読めます。 ［韓国語 한국어 / 少し 조금 / 読む 읽다］

チャレンジ！ //

니까요/으니까요 (理由／キーフレーズ21丁寧編) をあわせて使ってみましょう。

❹ かき氷ははずせませんから。 ［かき氷 팥빙수 / はずす 빼놓다］

---

❺ また会えますから。 ［また 또 / 会う 만나다］

（ **解答** ）

❶ 어디서 살 수 있어요? （オディソ サル ス イッソヨ）

❷ 지금 전화를 받을 수 없어요.
（チグム チョヌァルル パドゥル ス オプソヨ）

❸ 한국어는 조금 읽을 수 있어요.
（ハングゴヌン チョグム イルグル ス イッソヨ）

❹ 팥빙수는 빼놓을 수 없으니까요.
（パッピンスヌン ッペノウル ス オプスニッカヨ）

❺ 또 만날 수 있으니까요. （ット マンナル ス イッスニッカヨ）

뜨거운 순간이었어.
（ットゥゴウン　スンガニオッソ）

熱い瞬間だった。

文法　ㅂ変則語幹　パッチムㅂをとって우を入れる

　韓国語の変則活用はたくさんありますが、まずどれか一つ覚えるとしたらㅂ変則です。ㅂ変則は形容詞に多く、とりあえずㅂ変則活用を知っておくと形容詞に強くなれます。

　語幹のパッチムがㅂのものの大部分が変則活用します。

ㅂとって우入れる

뜨겁다（ットゥゴプタ）　→　뜨거우（ットゥゴウ）　＋　母音で始まる活用語尾
熱い　　　　　　　　　　変則語幹

キーフレーズ解説

語幹

　ㅂ変則は、母音で始まる活用語尾をつける時に変則語幹にします。パッチムの有無で語幹を選ぶㄹ/을까やㄴ까/으니까なども母音で始まる活用語尾です。子音で始まる活用語尾をつけるときは変則しません。

두렵다（トゥリョプタ） 恐ろしい	두려우（トゥリョウ） 変則語幹	＋ 어（母音） ➡ 두려워（トゥリョウォ） 恐ろしい
		＋ ㄹ/을까（母音） ➡ 드려울까（トゥリョウルカ） 恐ろしいのか
		＋ 니까/으니까（母音） ➡ 드려우니까（トゥリョウニッカ） 恐ろしいから
	두렵（変則しない）	＋ 잖아（子音） ➡ 두렵잖아（トゥリョプチャナ） 恐ろしいじゃない

 歌 ♥ ドラマフレーズ

🔊 TRACK 150

❶ 이 덫은 아름답다 ➡ 이 덫은 아름다워.
　　 イ　ドチュン　アルムダプタ　　　　　 イ　ドチュン　アルムダウォ
　　 この 罠 は 美しい　　　　　　この罠は美しい。

❷ 매일이 새롭다 ➡ 매일이 새로워.
　　 メイリ　セロプタ　　　　　　 メイリ　セロウォ
　　 毎日 が 新しい　　　　　　毎日が新しい。

❸ 많이 두렵다 ➡ 많이 두려웠어.
　　 マニ　トゥリョプタ　　　　　 マニ　トゥリョウォッソ
　　 とても 恐ろしい　　　　　とても恐ろしかった。

❹ 왜 그렇게 차갑다 ➡ 왜 그렇게 차가울까.
　　 ウェ　クロケ　チャガプタ　　　 ウェ　クロケ　チャガウルカ
　　 なぜ そんなに 冷たい　　　なぜそんなに冷たいのか。

❺ 마음이 무겁다 ➡ 마음이 무거운데.
　　 マウミ　ムゴプタ　　　　　 マウミ　ムゴウンデ
　　 心 が 重い　　　　　　心が重いのに。

❻ 더럽다 / 늑대 ➡ 더러운 늑대.
　　 トロプタ　ヌクテ　　　　　 トロウン　ヌクテ
　　 汚い　オオカミ　　　　　汚いオオカミ。

❼ 이곳은 / 외롭다 / 섬
　　 イゴスン　ウェロプタ　ソム
　　 ここ は 寂しい 島

　➡ 이곳은 외로운 섬.
　　　 イゴスン　ウェロウン　ソム
　　　 ここは寂しい島。

147

저에게는 어려운데요.
チョエゲヌン　オリョウンデヨ

私には難しいんですが。

語幹のパッチムが ㅂ の形容詞に、これまでに学んだ語尾をつけてみましょう。

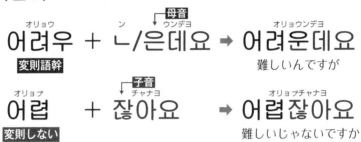

オリョプタ
어렵다　難しい

母音
オリョウ　　　　　　　ン　　↓ウンデヨ　　　　　　　オリョウンデヨ
어려우　＋　ㄴ/은데요　➡　어려운데요
変則語幹　　　　　　　　　　　　　　　　　　難しいんですが

子音
オリョプ　　　　　↓チャナヨ　　　　　　　　オリョプチャナヨ
어렵　＋　잖아요　➡　어렵잖아요
変則しない　　　　　　　　　　　　　　　難しいじゃないですか

日常フレーズ

以下を韓国語で書いてみましょう。さらに音声を聞きながら声に出して読んでみましょう。

❶ ソウルは暑いですか？［ソウル 서울 / 暑い トプタ 덥다］（＋아요/어요）

❷ 駅から近いですから。［駅 ヨク 역 / 近い カッカプタ 가깝다］（＋니까요/으니까요）

❸ このチゲは辛いと思います。[このチゲ 이 찌개^{イ ッチゲ} / 辛い 맵다^{メプタ}] (＋ㄹ/을 거예요)

___

❹ 今日はありがとうございました。
[今日 오늘^{オヌル} / ありがとう 고맙다^{コマプタ}] (＋았어요/었어요)

___

❺ 楽しい時間でした。[楽しい 즐겁다^{チュルゴプタ} (＋ㄴ/은) / 時間 시간^{シガン}]

___

❻ この本はとても易しいじゃないですか。
[本 책^{チェク} / とても 너무^{ノム} / 易しい 쉽다^{スィプタ}] (＋잖아요)

___

🔊 TRACK 152

(解答)

❶ 서울은 더워요? (ソウルン　トウォヨ)

❷ 역에서 가까우니까요. (ヨゲソ　カッカウニッカヨ)

❸ 이 찌개는 매울 거예요. (イ　ッチゲヌン　メウル　コエヨ)

❹ 오늘은 고마웠어요. (オヌルン　コマウォッソヨ)

❺ 즐거운 시간이었어요. (チュルゴウン　シガニオッソヨ)

❻ 이 책은 너무 쉽잖아요. (イ　チェグン　ノム　スィプチャナヨ)

〈著者紹介〉

石田美智代（いしだ・みちよ）

法政大学法学部卒業、静岡大学人文社会科学研究科修士課程修了。現在、慶應義塾大学、上智大学などで韓国語非常勤講師。著書に『気持ちが伝わる！ 韓国語リアルフレーズBOOK』(研究社)、『超入門！ 3日でマスター！ ハングルドリル』(ナツメ社)、『きれいに話せる ひとりで学べる はじめまして韓国語』(ジャパンタイムズ) など多数。

ときめき韓国語入門
――K-POP&ドラマをもっと楽しむ！

2020年7月31日　初版発行

著　者　石田美智代

発行者　吉田尚志

発行所　株式会社　研究社
　　　　〒102-8152　東京都千代田区富士見2-11-3
　　　　電話　営業 (03) 3288-7777 (代)　編集 (03) 3288-7711 (代)
　　　　振替　00150-9-26710
　　　　http://www.kenkyusha.co.jp/

印刷所　研究社印刷株式会社

KENKYUSHA
〈検印省略〉

本文デザイン・組版　有限会社 P.WORD
装丁　株式会社イオック
韓国語校閲　宋在英
ナレーション　尹賢喆
本文イラスト　N. A.

© Michiyo Ishida, 2020
ISBN 978-4-327-39440-0 C0087
Printed in Japan